历史教学中史料应用研究

林小玲 著

中国商业出版社

图书在版编目（CIP）数据

历史教学中史料应用研究 / 林小玲著. -- 北京：中国商业出版社，2024.8. -- ISBN 978-7-5208-3069-0

Ⅰ．G633.512

中国国家版本馆CIP数据核字第202489U70Q号

责任编辑：王　静

中国商业出版社出版发行

（www.zgsycb.com 100053 北京广安门内报国寺1号）

总编室：010-63180647　编辑室：010-83114579

发行部：010-83120835/8286

新华书店经销

河北万卷印刷有限公司印刷

*

710毫米×1000毫米　16开　15印张　200千字

2024年8月第1版　2025年1月第1次印刷

定价：88.00元

*****

（如有印装质量问题可更换）

前 言

随着教育改革的深入推进,历史教学面临着诸多挑战。传统的教学模式以教师为主导,学生被动接受知识,难以激发学生的学习兴趣,也不利于培养他们的思维能力和历史探究能力。史料作为历史教学的重要资源,具有生动、直观、真实的特点。通过史料的应用,学生可以更加直观地感受历史事件,深入理解历史背景,培养历史思维能力。现代教育理论强调学生的主体地位,倡导以学生为中心的教学模式。在这种背景下,史料应用在历史教学中的重要性日益凸显。史料的应用不仅可以丰富教学内容、提高教学效果,还能培养学生的历史意识和探究能力。因此,探讨史料在历史教学中的应用具有重要的理论和现实意义。

本书共分为九章,第一章先概述了历史教学的基本情况,然后对史料的概念及其选取原则和途径进行了详细阐述,并探讨了史料应用的理论基础和重要性。第二章介绍了文字史料的概念及选取步骤,探讨了文字史料在教学中的具体应用策略。第三章先对图片史料的概念进行了阐述,然后探讨了图片史料的教育价值和应用策略,以期帮助教师更好地利用图片资源进行教学。第四章介绍了影像史料的概念和应用意义,探讨了影像史料在教学中的应用策略,旨在为教师提供更多的教学资源和方法。第五章对实物史料的概念、价值及应用策略进行了详细阐述,以期帮助教师更好地利用实物资源进行教学。第六章介绍了口述史料的概念及应用的可行性与必要性，探讨了口述史料在教学中的应用策略，旨在培养学生的历史探究能力和思维能力。第七章探讨了乡土史料和诗词史料在历史教学中的应用。这些特色史料不仅能够丰富教学内容，还能增强学生的学习兴趣和民族自豪感。第八章先探讨了史料资源库建设的必要性，然后介绍了史料资源库建设的主要途径和有效应用方法，以期为教师提供更多的教学资源和支持。第九章对史料实证素养的概念及培养要求进行了详细阐述，探讨了史料实证素养培养的意义、原则和策略，旨在提升学生的历史探究能力和思维能力。

本书探讨了史料应用的理论基础和实践方法，总结了史料应用的成功经验和存在的问题，为后续研究提供了有益参考。本书的创新之处在于系统地探讨了历史教学中不同类型史料的应用方法和策略，提出了构建史料资源库和培养史料实证素养等具体措施。这些研究旨在为广大历史教师提供更多的教学资源和方法，提高历史教学质量。史料作为历史教学的重要资源，具有重要的教育价值和应用前景。期望本书能够为广大历史教师提供更多的参考，促进历史教学的改革和发展，也希望能够引起教育界对史料应用的重视，为提高历史教学质量作出贡献。

作者在编写本书的过程中，得到了许多教育专家、一线教师的指导和帮助，在此表示衷心的感谢。希望广大读者能够对本书提出宝贵意见和建议，以便在今后的研究中不断改进和完善。

林小玲

2024 年 3 月

目 录

第一章　史料与历史教学 ··· 001

　　第一节　历史教学概述 ··· 001
　　第二节　史料及其选取 ··· 013
　　第三节　史料应用的理论基础 ·· 019
　　第四节　历史教学中史料应用的重要性 ························· 029

第二章　历史教学中文字史料的应用 ································· 033

　　第一节　文字史料概述 ··· 033
　　第二节　文字史料的选取步骤 ······································· 045
　　第三节　文字史料的应用策略 ······································· 056

第三章　历史教学中图片史料的应用 ································· 063

　　第一节　图片史料概述 ··· 063
　　第二节　图片史料的教育价值 ······································· 072
　　第三节　图片史料的应用策略 ······································· 078

第四章　历史教学中影像史料的应用 ································· 089

　　第一节　影像史料概述 ··· 089
　　第二节　影像史料的应用意义 ······································· 096

第三节　影像史料的应用策略············101

第五章　历史教学中实物史料的应用············111
　　　第一节　实物史料概述············111
　　　第二节　实物史料的价值············120
　　　第三节　实物史料的应用策略············126

第六章　历史教学中口述史料的应用············132
　　　第一节　口述史料概述············132
　　　第二节　口述史料应用的可行性与必要性············140
　　　第三节　口述史料应用的策略············146

第七章　历史教学中特色史料的应用············153
　　　第一节　乡土史料的应用············153
　　　第二节　诗词史料的应用············162

第八章　历史教学中史料资源库的建设············180
　　　第一节　史料资源库建设的必要性············180
　　　第二节　史料资源库建设的主要途径············188
　　　第三节　史料资源库的有效应用············194

第九章　历史教学中史料实证素养的培养············199
　　　第一节　史料实证素养及其培养要求············199
　　　第二节　史料实证素养培养的意义············202
　　　第三节　史料实证素养培养的原则············208
　　　第四节　史料实证素养培养的策略············216

参考文献············228

第一章 史料与历史教学

第一节 历史教学概述

历史教学是基础教育的重要组成部分,是开展公民素质教育的重要途径,对培养学生的历史思维、人文素养等具有不可替代的作用。通过对历史知识的系统学习,学生的判断能力和分析能力都会得到有效提升,为其正确历史观和价值观的形成奠定良好的基础。

一、历史教学的目标

历史教学的目标是多方面的,在注重知识传授的同时,更重视对学生综合能力的培养和正确价值观的引导。具体来说,历史教学的目标主要包含以下几个方面(见图1-1)。

◎ 历史教学中史料应用研究

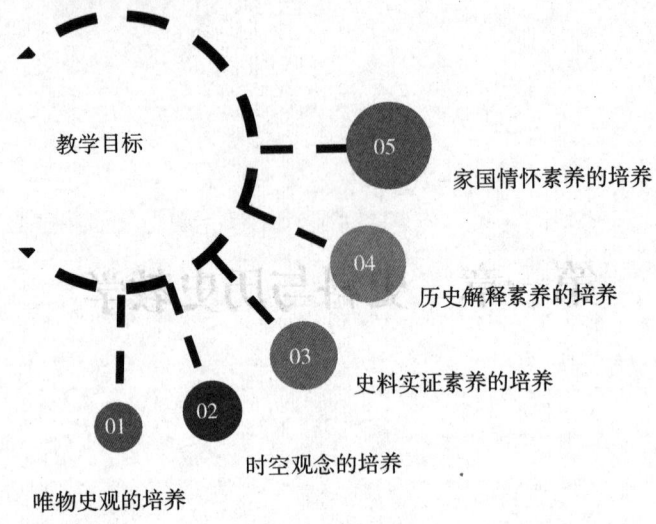

图 1-1 历史教学的目标

（一）唯物史观的培养

唯物史观是马克思主义理论的重要组成部分，是历史教学的重要指导思想。历史教学中学生唯物史观的培养有助于他们正确认识和理解历史的发展规律及社会变化的原因。唯物史观的核心在于认识历史发展的客观规律，强调生产力的发展是推动社会进步的根本动力，历史的发展是由物质基础决定的。在教学过程中，教师应通过对具体的历史事件和历史人物的分析，引导学生理解和掌握唯物史观，培养他们从宏观角度审视历史的能力。

在课堂上，教师可以通过讲解历史事件的背景、过程和结果，帮助学生理解生产力和生产关系的变化对社会发展的影响，促进学生对具体历史知识的掌握，树立唯物史观，形成科学的历史观和世界观。

（二）时空观念的培养

时空观念是历史学习的基本素养之一，是学生理解历史发展脉络和历史事件之间相互关系的重要工具。学生时空观念的培养能够帮助他们建立正确的历史时间轴和空间意识，更好地理解历史事件的先后顺序和地理环境对历史发展的影响。教师在教学过程中要注重时间和空间的结合，帮助学生构建完整的历史时空观。例如，在讲解中国古代史时，教师可以通过时间轴的绘制，帮助学生明确各个朝代的更迭和重要历史事件的时间节点。此外，教师还要通过地图的使用，使学生了解各个朝代的疆域变化和重要地理位置对历史事件的影响，让学生在头脑中形成清晰的历史时空图景，从而更好地理解和记忆历史知识。

（三）史料实证素养的培养

史料实证素养是指学生在历史学习过程中，能够通过史料的分析和考证，得出科学的历史结论的能力。史料实证素养的培养对于学生科学精神的养成和独立思考能力的提高具有重要意义，教师要注重引导学生通过史料的分析和运用，培养他们的史料实证素养。具体而言，教师可以通过引入如文字史料、图片史料、影像史料和实物史料等多种类型的史料，帮助学生学习如何从不同角度和层面分析历史事件，得出关于该事件的科学结论，以此来提高学生的史料实证能力，培养科学的研究方法和思维能力。

（四）历史解释素养的培养

历史解释素养是学生在历史学习过程中，能够基于史料和已有知识，进行合理解释和推论的能力。教师要注重引导学生通过对历史事件和人物的分析，培养他们的历史解释素养。教师可以通过设问的方式，激发学生对历史问题的思考，学会从多角度分析和解释历史问题，形成自己的历史观点和判断。

（五）家国情怀素养的培养

历史教学中教师要注重培养学生的家国情怀素养，通过历史事件和历史人物的讲解,激发学生的民族自豪感和爱国之心,使他们认识到自己肩负的历史责任和使命,培养深厚的家国情怀,形成积极向上的人生观和价值观。

二、历史教学的基本特点

历史教学的基本特点主要包括基础性、系统性、人文性、实践性、思想性(见图1-2)。

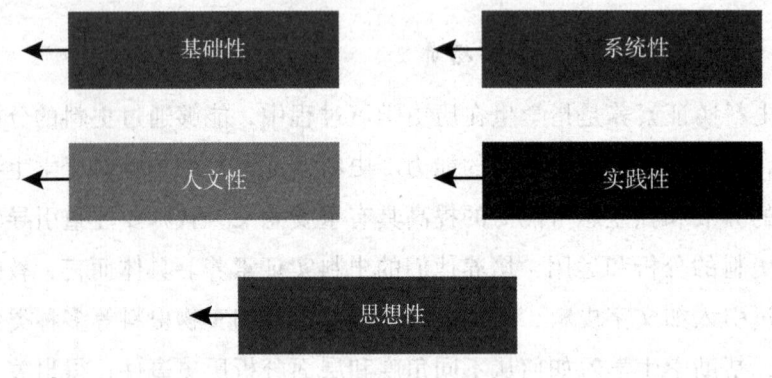

图1-2 历史教学的基本特点

(一)基础性

历史教学主要以普及历史常识为主,通过对历史概念和历史基础知识的系统学习,引导学生掌握基础性的历史知识和技能,以便为学生的未来发展打下扎实的基础。无论是中国历史还是世界历史,历史教学都侧重于使学生掌握历史发展的基本脉络,了解重要历史事件、历史人物及其对历史发展的影响。通过对时代背景、社会结构、政治制度、文化特征等历史概念和历史原理的学习,学生能够形成对历史的初步认知,认识到历史发展的复杂性和必然性,逐步形成正确的历史意识,为未来的学习和生活打下良好的基础。

中学阶段的学生正处于认知思维快速发展的阶段，对其进行历史研究方法方面的基础训练也是十分必要的。在历史教学中引入查阅资料、编写历史小论文等简单的历史研究方法，不仅有利于提高学生对历史学习的兴趣，还能够进一步培养他们的研究和创新精神，对他们未来的发展产生深远影响。

（二）系统性

历史教学的系统性特点主要强调历史知识是一个系统的整体，具有一定的连贯性。历史事件的发生往往不是孤立的，在讲述历史事件时不能将它们割裂开来，而应该将历史事件的前因后果有机联系起来，形成完整的历史发展体系。这种系统性的教学特点有助于学生建立整体的历史观，对历史发展的时间线、历史事件的关联、历史发展的逻辑形成清晰的认识。历史学科反映的不只是历史问题，它与政治、经济、文化等多个领域都具有密切的联系。在历史教学中，教师要注意跨学科的整合问题，帮助学生从多角度对历史事件进行解读，将不同学科的知识有机串联起来，使学生在学习历史知识的同时，对历史事件相关的政治、经济、文化等不同相互作用和影响建立清晰的认知，从而更加全面、立体地解读历史实践，提高他们的综合分析能力和逻辑思维能力。

（三）人文性

历史教学不是冷冰冰的说教，而是充满情感的教育。教师通过对历史人物和历史人文故事的讲解，引导学生对历史人物的深入认识，学习历史人物的勇敢、智慧，体验他们在不同历史背景下的选择与挣扎，体会他们的爱国精神和忧患意识，从而激发学生的爱国热情和民族自豪感，帮助学生形成正确的人生观和价值观。历史是人类文明的记录，不同国家和民族的历史反映了他们独特的文化传统和价值观。通过学习世界历史学生可以了解和理解不同文化的丰富多样性，培养对他人文化的尊重和包容精神。

历史课程承担着培养学生人文素养的重任。因此，历史教师有必要向学生推荐一些可读性较强的历史读物，不断提高学生学习历史的兴趣，加速其人文素养的培养。历史读物林林总总，但每个年龄层的学生都有自己喜欢的书。在众多历史读物中，《上下五千年》《世界五千年》内容短小精悍，有的篇目还配有插图，学生大都喜欢；《三国演义》《水浒传》可以让学生在小说情节中回味历史。

（四）实践性

历史学科是实践性较强的学科，强调教学过程中学生的实际参与，通过多种实践操作、体验活动等，使学生在理解、掌握历史知识的同时，能够将书本知识转化为真实的体验和应用能力。教师可以通过组织学生到历史遗址、博物馆、纪念馆等具有历史价值的地点进行现场考察。这种现场考察比单纯的课堂讲解更能引起学生的好奇心和探索欲，通过看到的历史痕迹直观感受历史事件发生的背景和过程，学生能深刻体会历史的真实感和厚重感，加深对历史知识的记忆和理解。通过实践活动的开展，学生的应用能力、解决问题能力也会得到进一步提高，这对于他们未来的学习和生活都具有非常重要的意义。

（五）思想性

思想性是历史教学的重要组成部分，也是历史教育的重要目标之一。中学生正处于世界观、人生观和价值观形成的关键时期，历史教学的思想性在这一过程中发挥着不可替代的作用。

历史教学中教师要通过对历史事件和历史人物的分析，帮助学生理解历史发展的客观规律，认识到历史是人民创造的，历史发展的动力源于人民群众的实践活动。教师应注重培养学生的历史责任感，使他们认识到自己在历史长河中的地位和作用，激发他们的历史使命感和社会责任感。通过对不同历史时期、不同国家和民族的历史发展过程的学习，学生认识到世界历史的发展是一个多元的、复杂的过程，理解世界历史的多样性和统一性,形成平等、开放、包容的国际视野和全球意识。教师还要通过对历史事件和历史人物来积极引导帮助学生形成积极向上的价值观和人生观,使他们能够在日常生活中坚持正确的价值取向,做出符合社会道德和法律规范的行为。

三、历史教学的主要方法

历史教学的主要方法是指在正确的教育教学理念的引领下,教师和学生为了实现共同的历史课程目标,完成共同的历史教学任务,在历史教学过程中运用的方式和手段的总称。①历史教学方法的种类较多,需要结合课堂教学的内容选择合适的教学方法,比较常见的教学方法有讲授法、讨论法、合作探究法、多媒体辅助教学法等(见图1–3)。

图1–3 历史教学的主要方法

(一)讲授法

讲授法指的是教师运用简明、生动的口头语言,将历史知识系统地传达给学生。讲授法在教学发展史上一直占据重要地位,无论是过去还

---

① 武杏杏,尤丽芳.认知与探索:历史课程与教学研究[M].北京:中国书籍出版社,2021:91.

是当前，讲授法都应是学校教学中既经济又可靠，而且最为常用的一种有效方法。在实际教学过程中，讲授法又可以分为讲述、讲解、讲读、讲演等不同的形式。这些不同的形式又分别具有各自不同的特点。讲述是以叙述或描述的方式向学生传授知识的方法；讲解是教师向学生说明、解释和论证科学概念、原理、公式、定理的方法；讲读主要采用讲和读交叉进行的方法，不仅包括教师的讲和读，也包括学生的讲和读；讲演指的是教师对一个完整的课题进行系统的分析、论证并做出科学结论的方法。这几种形式都是历史教学中比较常用的。教师在使用这些方式时，要充分考虑到学生听讲的方式，使教师的主导作用与学生的自觉性、积极性紧密结合起来。

历史学科所涉及的内容比较广泛和复杂，讲授法能够在较短的时间内传达大量的知识信息，通过教师的系统讲解，学生能够在有限的课堂时间内获得较为全面和准确的历史知识。为了提高讲授法的教学效果，教师需要在课前进行充分的准备和精心的设计，在教学过程中有的放矢，确保内容的条理性和逻辑性。在教学过程中教师观察学生的反应灵活变通，单一的口头讲解可能导致学生注意力的分散、学习兴趣的下降，教师可以结合图片、图标、视频资料等多种方式，增强讲授的直观性和趣味性，吸引学生的注意力，增强历史学习的趣味性。

讲授法对教师来说是一种传授的方法，而从学生的角度来说则是一种接受性的学习方法。因此，在讲授法的实施过程中，教师不仅要注重所传授知识的科学性和思想性，还要站在学生的角度考虑学生的接受度，内容的安排上要符合学生认识发展的规律，讲述语言要符合学生的接受习惯并具有启发性，尽量做到准确精练、生动形象，善于使用启发诱导的语言巧设疑问，在对历史知识理解的基础上引发学生的深度思考，将知识教学、思想教育和启发智力三个方面有机结合起来，使学生在较短的课堂时间内获得愉快的课堂体验和较为全面系统的知识。

（二）讨论法

讨论法指的是学生以全班或小组为单位，在教师的指导下，围绕教学中的中心问题展开讨论，发表自己的观点和看法，从而获取知识和巩固知识的一种教学方法。讨论法需要学生在具备一定基础知识、理解能力和独立思考能力的基础上进行，讨论的问题要具有一定的典型性和代表性，能够对学生形成启发和引导，讨论法课后同样需要进行及时总结，发现教学过程中存在的问题。讨论法的优点在于学生参与的普遍性，并且通过对所学知识的讨论，学生之间可以集思广益，相互启发、相互学习，在加深对知识的理解和认识的同时能够培养学生的合作精神和钻研精神。

讨论法在历史教学中的应用能够增强学生学习的主动性，学生由被动地接受知识转变为学习的主体，通过参与讨论，师生之间、生生之间积极互动，加深对历史现象和历史事件的理解，有效提高学习效果。通过开展讨论，学生对所学的知识进行分析，提炼总结成自己的观点进行辩论，并与其他学生进行交流互动，不仅可以加深对历史知识的记忆和理解，还能够培养学生的语言表达能力、沟通能力、独立思考能力。在讨论法具体实施过程中，教师要注意进行组织和引导，确保讨论的有序进行。对讨论的问题，教师要进行全面的考量，结合历史教学目标和学生实际情况来设置问题，对问题的讨论时间和形式也要进行合理的安排，以确保讨论的效果和教学的有效性。在讨论过程中，教师还要扮演好引导者的角色，保证讨论的方向和深度，适时进行点拨。讨论法既是对新知识的学习，也是对旧知识的巩固；既可以单独运用，也可以和其他教学方法配合使用。讨论法不仅可以使学生之间取长补短，形成对学习内容新的认知，还可以激发学生的学习兴趣，调动学生的学习情绪，培养学生钻研问题的能力，提高学生学习的独立性。

(三) 合作探究法

合作探究法是主张尊重学生的人格和个性发展，通过教师与学生、学生与学生之间的通力合作，以小组学习为主要手段来实现教学目的的一种教学方法。合作探究法通过指导学生以小组为单位进行学习讨论交流、评价以及师生讨论交流、生生讨论交流，形成多向互动，使学生在快乐、和谐、高效的课堂氛围中学习。[①] 合作学习教学能够促进学生主动学习和自主发展，有利于充分发挥学生的主体作用，激发学生参与历史学习的热情和信心，有利于培养学生的竞争意识、团队意识和创造性思维，通过小组成员之间的协作，使个体差异在集体教学中发挥积极作用。

合作学习中情境的创设能够培养学生的合作意识，科学合理地完成历史教学目标。合作学习教学实施过程要注意精神情境的创设。教师要善于运用面部表情、眼神、动作等肢体语言，在教学中与学生充分互动，多给予学生鼓励和肯定。教师还要善于营造轻松愉快的课堂气氛，充分调动学生学习的积极性和自信心，促进教学目标的有效完成。学生的思维过程往往是从问题开始的。教师通过问题情境的创设，引发学生对问题开展讨论和思考，最后解决问题，激活学生的创造性思维。

合作学习教学的开展是以学生的独立学习为基础的，只有个体具备独立学习的能力，才能促进合作学习教学的有效开展。教师在教学中要留给学生独立思考和学习的自由空间，允许学生根据自己的能力水平、个性特点，自主、能动、自由、有目的地进行独立思考，自主尝试解决问题，突出个性化学习，真正确立学生的主体地位。通过独立学习阶段的自主思考，每个学生都构建了自己对事物的不同理解，再通过分组交流的方式促进学生之间的合作，提高学生的团队合作意识和学习能力。通过分组交流的形式，小组成员对问题各抒己见、互相补充、互相启发，加深了每个学生对历史问题的理解；每个组员不仅自己要主动学习，还

---

① 李景旺. 中学历史教学论[M]. 郑州：大象出版社，2012：190.

要有责任帮助其他同学学习,互教互学,共同提高;在小组讨论的基础上进行全班交流,各组代表汇报本组合作讨论的初步成果,通过不同观点的交锋、补充、修正,达成共识、共享、共进,使每个学生体会到合作的力量,并在合作中增强交往能力。为了使合作学习不流于形式,小组人员要合理搭配,要有小组活动的组织者,发言交流做到有序有效,教师则要有目的、有计划地进行培养和训练。

在合作学习教学方法中,教师的角色发生了转变,由原来的传授者和训导者转变为学生学习的激励者、帮助者和合作者。在历史教学合作学习实施过程中,对于学生的积极行为和创造性思维,教师要充当激励者的角色,给予充分鼓励和肯定;在学生出现观点错误和思维受到限制时,教师要及时给予必要的纠正和提示,发挥帮助者的角色功能;当学生受到认知水平的限制不能很好地完成教学任务时,教师要参与进来,与学生共同研究,一起解决问题,发挥合作者的角色功能。在合作探究法实施过程中,教师对反馈和评价要善于进行归纳和总结。这样做一方面有利于学生了解自己的学习成果,明白自己与目标要求存在的距离,从而激发学生的求知欲;另一方面反馈评价对学生在合作学习中的表现做出评价性的总结,评价的对象以小组为单位,评价的内容主要是合作小组的学习态度、学习方法、学习能力、学习效果等,要注意发挥评价的正面导向作用,对协作良好的小组予以表扬,教师对学生的见解给予分析、反馈,促使学生改善学习状况。教师还要总结合作成功的经验和不足,分析存在的问题及原因,并进行讨论,提出改进建议,使学生学会更好地合作。

(四)多媒体辅助教学法

多媒体辅助教学法将文字、图像、音频、视频等多种媒体形式综合运用到历史教学中,能够增强历史教学的生动性和直观性,有效激发学生的学习兴趣,提高教学效果。

传统的历史教学主要依赖教材和教师的口头讲述,这在某种程度上限制了教学内容的丰富性和多样性。多媒体技术的引入通过播放历史纪录片、展示历史图片、播放历史音频资料等方式,呈现出更加立体、鲜活的历史画面,能够帮助学生更好地理解和记忆历史知识。历史教学中的许多内容具有抽象性和复杂性,通过多媒体手段可以将抽象的历史概念具体化、形象化。例如,在讲解古代战争时,使用多媒体展示战场模拟图、兵器模型以及进行战术演示,帮助学生直观地理解战争的过程和策略。多媒体技术还可以通过动画演示和虚拟现实技术,再现历史场景,使学生仿佛身临其境,感受到历史事件的真实氛围。

多媒体教学通过视听结合的方式充分调动学生的多种感官,增加课堂的趣味性,使学生积极参与到历史事件的分析和讨论中,提高他们的学习积极性和主动性。在课堂教学中,教师可以运用多媒体手段,提供多角度、多层次的历史信息,帮助学生从不同角度理解历史事件的背景、过程和结果。教师利用多媒体技术还能够为学生提供多样化的学习资料和练习题,满足不同学生的学习需求。例如,通过网络教学平台,教师可以上传教学视频、课件和参考资料,学生可以根据自己的学习进度和兴趣,自主选择学习内容和方式,提高学习的自主性和灵活性。

在多媒体教学过程中,教师需要掌握多种教学工具和技术,不断学习和更新教学内容和方法。通过多媒体技术教师可以更加方便地获取和整理教学资源,制作更加生动和直观的教学课件,提高教学的专业性和有效性,提高教学效率和质量。

第二节　史料及其选取

史料是构成历史的材料，是历史教学的必要前提和基础。[①]史料的科学选取和应用能够丰富历史教学内容，激发学生的学习兴趣，有效提升教学效果，为学生奠定扎实的历史知识基础。

一、史料与史料教学

（一）史料

关于史料的定义，各位专家学者给出了不同的说法。梁启超认为：史料者何？过去人类思想行事所留之痕迹，证据传留至今日者也。[②]李良玉认为：史料就是人类在自己的社会实践活动中残留或保存下来的各种痕迹、实物和文字资料。[③]庞卓恒认为：史料是那些人类社会历史发展过程中遗留下来的，并能帮助我们认识、解释和重构历史过程的痕迹。[④]综合以上观点可知，史料是指历史研究中所用的材料，它是人类历史发展过程中保存下来的珍贵资料，是当今人类研究历史的重要工具和主要渠道，也是历史教学的重要资源。史料的类型广泛，包括文字、图片、影像、实物、口述等多种形式，不同类型的史料具有不同的特征和用途，在历史教学中可以发挥不同的作用。

[①] 李树全.温度·厚度·向度：追寻有意义的历史教育[M].长沙：岳麓书社，2021：36.
[②] 梁启超.中国历史研究法[M].北京：中国华侨出版社，2013：42.
[③] 李良玉.史料学片论[J].福建论坛（文史哲版），2000（5）：54-62.
[④] 庞卓恒，李学智，吴英.史学概论[M].北京：高等教育出版社，2006：25.

（二）史料教学

对于史料教学，当今学者也给出了不同的解释。叶小兵教授认为：史料教学是把对史料的研习引入历史教学过程中，使历史教学的过程成为一种对历史事实的认识过程，一种学习解决历史问题的过程，一种掌握历史学习与研究方法的过程，一种提供历史情境进行历史思维训练的过程。[①] 陈新民认为：史料教学是在教学中把史料作为基础，重现历史，使学生认识到学习历史的知识和内涵。[②] 总的来说，史料教学是历史教学的一种重要方法，通过对不同类型史料的选择和运用，能够培养学生的独立思考能力和判断性思维能力，提高学生历史学科的核心素养。

二、史料选取的原则

历史教学中史料的选取是非常重要的，合适的史料不仅能够丰富历史教学的内容，还能够有效激发学生对历史学习的兴趣。在历史教学中，史料的选取需要遵循一定的原则，具体如下（见图1-4）。

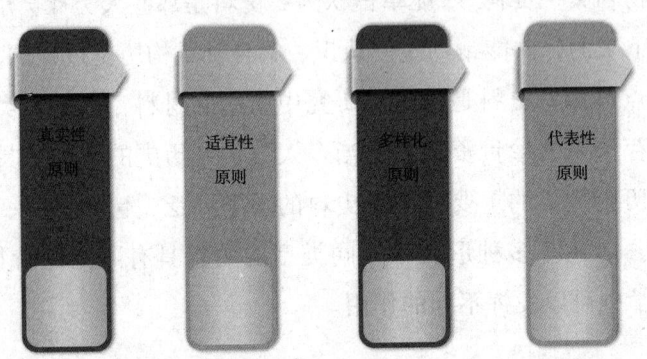

图1-4　史料选取的原则

[①] 叶小兵.中学历史教学中史料教学的探讨[J].北京师范学院学报（社会科学版），1992（3）：31-38，43.

[②] 陈新民.英国历史教学中史料教学的经验及启示[J].历史教学，2002（11）：56-59.

(一)真实性原则

在进行史料选取时,一定要遵循真实性原则,保证所选史料的真实可靠。只有真实的史料来源才能保证学生对历史事件的客观理解和正确认知,促进他们实证思维能力的形成。失真的史料会对学生产生误导,导致他们对历史事实形成错误的认知,影响正确的历史记忆和历史观念的形成。

教师一定要对史料进行严格的把关,确保其真实性和可靠性。要优先选择来自国家档案馆、知名学术期刊、专家学者的著作等,这些史料一般经过严格审查和筛选,具有较高的可信度。对史料的内容,教师要进行多重验证,特别是对于不同来源的信息,一定要多方查阅资料,确保史料的客观和真实。具有争议性的重大历史事件往往带有一定的片面性和主观性,教师要多加甄别,具备应有的思维能力,能够有效识别和剔除史料中不真实的、带有偏见的成分。

(二)适宜性原则

史料的选取应该充分考虑学生的认知水平和接受能力。对于中学生来说,他们的知识储备和认知能力具有一定的局限性,逻辑思维和抽象思维能力都还处于发展阶段,具体、直观的史料更适合他们的年龄特点,更容易被他们理解和接受,激发他们的兴趣和探究精神。因此,教师在选取史料时,要把握适宜性原则,对所选史料的难度进行适度把握,结合不同的教学目标和课堂需要选择合适的史料支持。对于低年级的学生,教师可以选取一些比较基础的、简明扼要的、符合其认知水平和理解能力的史料,并通过历史故事、图标等简化形式,帮助他们建立对历史的基本认知。对于高年级的学生,教师则可以选择一些难度较高的原始文献和学术史料,进一步培养他们的阅读能力和分析能力。

在具体的教学过程中,教师要通过学生的课堂表现,不断进行总结和反思,根据实际情况进行调整和优化。对于学生理解有难度的史料,教师要加以解释说明或者适当降低史料的难度，便于学生理解和接受。如果发现史料不能引起学生的足够兴趣，课堂效果不佳，教师就要及时对史料进行更换，引用更具有吸引力的内容，激发学生的学习兴趣及他们对历史的学习动力。

（三）多样化原则

历史教学中史料的选取应该尽量多样化，能够涵盖不同的来源和类型。文字、图片、影像、实物、口述等不同类型的史料能够从不同角度对历史事件进行多层次的展示，方便学生从不同的角度理解，培养其客观全面的历史观和思维能力。

选取的史料应尽量多样化，涵盖文字、图片、影像、实物、口述等多种形式，以丰富教学手段，满足不同学生的学习需求和兴趣。历史事件和历史现象具有复杂性和多面性，通过多样化史料的选取，学生对同一历史事件能够从不同的历史视角进行理解和分析，从而加深对历史的认知，对历史事件和历史现象有更为全面的理解和认识。多样化的史料能够在历史教学中提供丰富多彩的历史场景，提供更多的历史细节，进一步增强学生对历史的代入感和真实感，从而培养对历史学习的积极主动态度，这种态度是历史学习过程中必不可少的，能够转化为历史学习的动力，促进历史研究和探索精神的发展。

（四）代表性原则

选取的史料需要具有代表性的特点，能够反映特定历史时期或历史事件的本质，每一个历史事件都存在背景、过程、影响等核心因素。代表性史料能够对历史事件的核心要素进行全面展示，帮助学生对历史事件进行深入、全面的了解。这些代表性的史料还具有一定的普遍特征和共性，能够反映某一时期的主要社会矛盾。通过对某些具有代表性的典型史料的了解，学生能够从这些信息中获取更为丰富的历史知识，认识到某一社会时期的普遍特征和发展规律。在教学实践过程中，教师要选择适当的时机，帮助学生通过代表性史料掌握历史实践的本质特征和主要矛盾，培养其历史思维和分析能力，促进历史教学质量和效果的提升。

三、史料选取的途径

合适的史料不仅能够丰富历史课堂的教学内容，还能够有效提升学生的思维能力和历史素养。下面详细探讨史料选取的几种途径（见图1-5）。

图1-5 史料选取的途径

（一）历史教科书

历史是众多专家、学者研究的心血和成果，内容通常经过严格的筛选和审查，其史料具有权威性和真实性的特点。教师在历史教学过程中，可以从不同版本的历史教科书中挖掘史料，作为历史课堂教学的有益补充，有效提高教学效果。教科书的史料一般与课堂教学内容联系紧密，符合学生的认知水平和兴趣特点，内容简明、易于理解，有助于学生掌握基础历史知识。通过历史教科书，教师可以确保学生在有限的课堂时间内接触最基础、最权威的历史知识。教科书提供了一个稳固的知识框架，使学生能够在此基础上进行更深入的学习和探讨，也为教师提供了教学内容的基本线索和结构，使教学过程更加有条理和系统性。

许多教科书还配套有地图册和练习册等资源，地图册中的历史地图能够帮助学生更直观地理解历史事件的地理背景和空间关系，练习册中丰富的练习题和思考题，有助于巩固学生的学习成果，从而帮助教师更好地开展教学活动。

（二）经典历史著作

经典历史著作由著名历史学家撰写，包含丰富的第一手史料以及史学家的深入分析和见解，在历史教学中往往提供更为详细和深入的历史信息，是教科书史料的重要补充，能够帮助学生从更广泛的视角、更深刻的层次解读历史事件和历史现象。

与教科书相比，经典历史著作提供了更为详细的历史事件描述和背景分析。经典著作中记录了大量的历史人物、事件和细节，为学生提供了丰富的第一手史料。这些史料不仅包括对历史事件的叙述，还包含当时的社会、经济、文化等各方面的信息，有助于学生全面地了解历史。经典历史著作通过详尽的史料记载，为学生提供了生动的历史画面，使他们能够更深入地了解历史事件的背景和发展过程。另外，历史学家在撰写经典历史著作时，通常会结合自己的研究成果和学术观点对历史事件进行深入的分析和解释。通过阅读这些著作，学生可以了解历史学家对历史事件的不同见解和解释，培养思维能力和分析能力。历史学家的分析往往具有深刻的洞察力，他们通过对史料的细致研究和综合分析，揭示历史事件的内在逻辑和影响。这些分析不仅帮助学生理解历史事件的表面现象，还引导他们深入思考事件背后的深层次原因和影响。在历史教学实践中，教师可以通过选取经典历史著作中的史料，引导学生阅读经典历史著作，培养他们的独立思考和批判性分析能力。教师可以鼓励学生在阅读过程中提出问题，进行讨论和辩论，深入探讨历史事件的背景、过程和影响。通过这种互动式的学习方式,学生可以更好地理解和掌握历史知识,提升他们的思维能力和综合素质。

(三)网络资源

随着互联网的发展,网络资源成为历史教学中史料选取的重要途径。网络资源内容丰富、种类繁多,包括历史图片、音频、视频等多种类型。这类史料资源能够帮助学生更为直观地了解历史事件的背景和细节,生动呈现历史事件,增加他们对历史的真实体验和感受,从而激发学生对历史学习的兴趣和热情。网络资源的获取便捷,包括博物馆网站、档案馆数据库、在线图书馆等,通过对这些在线网络资源史料的选取,学生能够随时随地进行查阅和学习,增加了学习的便捷性和灵活性。

需要特别注意的是,教师在选取网络资源史料时一定要具备一定的筛选和判断能力。因为互联网上的信息繁杂,教师一定要避免受到虚假信息的误导,在史料选取时尽量选取权威网站和经过认证的历史文献,保证史料的可靠性和真实性。同时,要注意引用史料的知识产权问题。教师也要引导学生合理使用网络资源史料,培养他们的信息判断能力和思维能力,善于甄别真假信息,提升他们的历史学习能力和综合素质。

第三节 史料应用的理论基础

史料应用的理论基础包括史学理论基础、教育学理论基础、心理学理论基础。理解史料应用的理论基础,能够为历史教学提供系统的理论支持和实践指导。

一、史学理论基础

史学理论为历史教学中的史料应用提供了基本的方法和价值导向,

历史唯物主义、多重视角的历史观等史学理论强调对历史事件的科学分析和客观评价,能够不断完善史料的应用,为历史教学注入新的活力(见图1-6)。

图1-6　史料应用的史学理论基础

(一)历史唯物主义

历史唯物主义是马克思主义历史观的核心理论,它强调历史发展的客观规律和物质规律。历史唯物主义不但要从宏观上揭示,而且要从微观上探讨,即探讨历史认识是如何通过个体对历史的认识转化为社会意识而实现的;不但要探讨历史认识的"形式"问题,而且要探讨现代认识论面临的最突出的问题——作为认识主体的历史研究者与作为认识客体的客观历史过程之间关系的问题,以及与此相关的历史认识是否具有或怎样才能具有真理性的问题。① 在历史认识活动中,主体和客体不能建立起直接的对象关系。② 也就是说,在主体和客体之间需要史料作为中间介质,来对历史进行建构和认知。人们对于历史的认知,正是通过人类历史发展过程中遗留下来的史料推断出历史事实来实现的。史料是重构和认识历史的重要依据,历史认知是建立在大量历史资料基础上的。虽

---

① 杨耕.重建中的反思:重新理解历史唯物主义[M].3版.南京:江苏人民出版社,2022:224.
② 李振宏,刘克辉.历史学的理论与方法(第三次修订本)[M].开封:河南大学出版社,2008:184.

然史料是认识历史的基础,但史料本身并不等同于历史事实,更不等同于历史。史料只是记载了过去人类活动的符号,只有在历史认识者运用科学的方法对其提出问题,探明某段历史进程、某些历史人物活动或历史的性质、本质时,史料才能作为历史证据。因此,掌握大量的史料并不等于认识了更多的历史事实,从史料到历史事实,还需要科学的方法进行指引。把史料运用到历史教学中是历史学科本质的要求。通过史料的运用,学生不仅能够掌握历史知识,还能学习如何从史料中提取信息、分析问题和形成自己的历史认识,从而真正理解和认识历史。

(二)多重视角的历史观

历史事件的发生和发展是多种因素共同作用的结果,单一视角往往难以全面、深入地了解历史事件。教师在选取史料时,应尽量选用多种类型的史料,提供多元视角来帮助学生全面、深入地了解历史。

历史事件的背后往往隐藏着复杂的原因和多方面的影响。教师在教学中应通过不同类型的史料,从政治、经济、文化、社会等多个角度分析历史事件,帮助学生全面了解历史事件的复杂性。例如,在讲述中国改革开放时,教师可以通过政府的政策文件、经济数据、社会变迁的记录以及文化发展的史料,展示改革开放的多方面影响。通过对不同类型史料的分析,学生可以从多个角度了解历史事件,学会反思,培养思维能力。不同文化背景下的人们对历史事件的了解和解释可能有所不同。教师在教学中应通过多元文化的史料,帮助学生了解不同文化背景下的历史事件和现象,培养学生的多元文化理解能力。

二、教育学理论基础

基于人的全面发展理论、建构主义理论、多元智能理论等教育学理论,历史教学中史料应用应注重学生的主体性和探究性学习,促进学生的深度学习和知识内化(见图1-7)。让学生在掌握知识的过程中学会学习，并形成有关的技能和技巧，通过学习获得在能力和智力方面的发展成为当下的教育教学理念。①

图1-7 史料应用的教育学理论基础

（一）人的全面发展理论

人的全面发展理论是一个哲学概念，是个人全面发展、自由发展、充分发展的统一。它指的是人从各种束缚中解放出来，实现体力、智力、个性和交往能力的全面发展。马克思主义关于人的全面发展理论大体上可以分为以下几个方面。②

1."类本质"的全面发展

马克思认为人的"类本质"是人的一种有意识的自由活动，即人的实践本质。人只有充分发挥自己所具有的"类本质"，使实践活动得到充分发展才能被称为人。首先，人的思维能动性是人与动物的本质区别。也就是说，人能够自主地发展自己的能力、发挥自己的才能以及进行创造性的实践活动。其次，人的实践活动应该是多种多样的，不能被所谓的"分工"所限制，同时人的活动具有全面性，不应该只是简单的重复性的劳动。人的全面发展应该是能够从事多种实践活动，可以在不同的

---

① 叶小兵.中学历史教学中史料教学的探讨[J].北京师范学院学报，1992（3）：31-38，43.
② 马克思，恩格斯.马克思恩格斯全集：第3卷[M].北京：人民出版社，1972:429-443.

部门之间进行劳动活动的转换,发展自己的兴趣爱好,以达到自主活动和自我价值的实现。

2."社会本质"的全面发展

人的"社会本质"的全面发展主要包括以下几个方面的内容。

(1)个人与他人之间的关系。个人不是独立存在的,而是与他人相互联系在一起的,只有正确处理个人与他人之间的关系,才能获得个人的全面发展。

(2)个人的主要社会关系。个人的主要社会关系包括个人与家庭、个人与集体以及个人与社会的关系。妥善处理个人与家庭、个人与集体以及个人与社会之间的关系,既是社会发展的需要,也是个人全面健康发展的需要。

(3)个人的社会活动。个人通过与他人、社会进行交往,通过各个社会领域的活动来突破个体各方面的局限性,实现自己的全面发展。同时,个人的全面发展和社会成员的全面发展是统一的,只有社会成员中的每一个人都获得了充分发展,个人才能实现自己的全面发展。

3."个性"的全面发展

人的全面发展理论认为人的"个性"的全面发展包括以下几个方面的内容。

(1)人的多种需要的满足。人的需要是全面而丰富的,是个人自身发展水平的一种体现。只有多种需要得到满足后,人才能感受到自我价值,真正体会到生活的乐趣。人都有自我实现的诉求,只有这种高层次的诉求实现以后,人才能获得积极的肯定,享受劳动自由带来的意义。

(2)身心的全面发展。只有身心达到和谐统一的发展状态,人才能在社会实践活动中满足自己的需要并不断完善自己。也就是说,不但要拥有健康的体魄,还要具有健全的心理,才能获得个体的全面发展。

(3)个体潜能的发挥。人的潜能是在不断适应自然的过程中进化而来的，是一直存在并且不断变化的。在旧式的劳动分工下，个体潜能被社会环境和其他因素所压抑不能充分发挥出来。而在当今时代，个人应该在社会实践活动中不断开发自己的潜能，使其充分发挥出来。

（4）精神道德观念和自我意识的发展。人在发展到一定程度之后，就会形成自己独立的意识和独特的精神道德观念，这也是人的"个性"全面发展的标志。

马克思主义认为，人和社会的发展是统一协调的，在旧的劳动分工方式下，人不能得到全面的发展。社会大工业时代的到来，为人的全面发展奠定了一定的物质基础。人的全面发展理论为历史教学中史料的应用提供了重要指导。教师应通过多样化的史料选取和综合素质培养，促进学生在德、智、体、美、劳各方面的均衡发展，培养他们的情感共鸣和社会责任感，关注个性化发展和潜能激发，从而实现教育的全面目标。历史教学中史料的应用应当充分体现这一理论，通过多样化的史料和教学活动促进学生的全面发展。人的全面发展理论还强调个性化发展，每个学生都有其独特的优势和潜力。在历史教学史料应用中教师需要关注学生的个体差异，因材施教，促进每个学生的个性化发展。

（二）建构主义理论

建构主义理论是当代教育理论的重要组成部分，强调学习是一个主动构建知识的过程。建构主义认为认知的形成是先天的生理机制与后天的知识经验相融合的过程。智力在一切阶段上都是把资料同化转变的结构，从初级的行为结构升华为高级的运算结构，而这些结构的构成是把现实在行动中或在思维中组织起来，而不只是对现实的描摹。[①] 建构主义理论认为学生在学习中不是被动地接受知识，而是积极地参与知识的建构过程中，该理论为历史教学中史料的应用提供了重要指导。在历史教

---

① 皮亚杰.教育科学与儿童心理学[M].傅统先，译.北京：文化教育出版社，1981：25.

学史料应用的过程中，教师要充分激发学生主动学习的意识，结合不同类型的史料设计多样化的教学活动，帮助学生形成自己的知识和经验。

根据建构主义理论，教师应创设一个发挥学生主动性、积极性的历史情境，提供文字、图片、影像、实物等多样化的学习资源。这些资源应具有足够的深度和广度，以满足学生不同层次的学习需求。通过自主选择和分析这些史料，学生可以更好地理解历史事件的背景、过程和影响，从而构建起自己的历史知识体系。在此过程中，教师的角色应是引导者和支持者，而非知识的唯一传授者。教师应鼓励学生提出问题，并通过探究和讨论找到答案，这样可以增强学生的学习动机和兴趣。教师可以组织学生进行小组讨论和合作探究。通过互相交流和分享各自的见解，学生可以多角度、多层次地理解史料。合作学习不仅可以促进学生的知识建构，还可以培养他们的团队合作精神和沟通能力，使历史教学的过程成为一种对历史事实的认识过程，一种学习解决历史问题的过程，一种掌握历史学习与研究方法的过程，一种提供历史情境进行历史思维训练的过程。[①]

（三）多元智能理论

多元智能理论是由哈佛大学认知心理学家霍华德·加德纳（Howard Gardner）提出的。他认为每个人都拥有多种类型的智能，包括语言智能、逻辑数学智能、空间智能、音乐智能、运动智能、人际交往智能、内省智能、自然观察智能。[②] 此外，不同的人在智能表现上也存在差异，有的人空间智能较强，有的人语言智能较强，有的人人际交往智能较强，等等。因此，了解学生的智能倾向，是教育学生的一个重要前提。关于霍华德·加德纳提出的八种智能，其内容简述如下。

---

① 叶小兵.中学历史教学中史料教学的探讨[J].北京师范学院学报，1992（3）：31-38，43.
② 加德纳.智能的结构[M].北京：中国纺织出版社，2022：83.

1. 语言智能

语言智能是指有效运用口头语言和文字的能力，即听、说、读、写的能力，表现为高效地运用语言或文字表达思想、描述事件和与他人进行交流。

2. 逻辑数学智能

逻辑数学智能是指运用数字和推理的能力，它涉及对抽象关系的认识和使用，也涉及计算、量化、思考命题、假设以及进行复杂数学运算的能力。

3. 空间智能

空间智能是指对空间信息（如色彩、线条、形状、结构等）的知觉能力以及将知觉的信息加以表现的能力。空间智能可分为抽象的空间智能和形象的空间智能两类，抽象的空间智能一般来说体现在几何学家身上，形象的空间智能一般来说体现在画家身上。

4. 音乐智能

音乐智能是指察觉、辨别、表达和改变音乐的能力，表现为对音调、旋律、节奏、音色的敏感性以及通过演唱、演奏、作曲等方式对音乐的表达。

5. 运动智能

运动智能是指人调节身体运动以及运用双手改变物体的能力，表现为能够较好地控制自己的身体，在面对某些事情时能够做出恰当的身体反应以及正确使用身体语言表达自己的思想。

6. 人际交往智能

人际交往智能是指理解他人及其关系以及与他人交往的能力。人际交往智能主要包括四个要素：组织能力、协商能力、分析能力和人际联系能力。四个要素缺一不可。

7. 内省智能

内省智能是指正确认识自己的能力,表现为对自己长处、短处的认知,对自己情绪、欲望、动机、意向的把控,对自己生活的规划等。

8. 自然观察智能

自然观察智能是指认识周边自然事物(如动物、植物、自然环境等)的能力。自然观察智能可进一步引申为探索智能,包括对自然的探索和对社会的探索。

多元智能理论推翻了传统的智能理论,对于指导历史教学中的史料应用具有积极的指导意义。不可否认,语言智能和逻辑数学智能是学生多种智能中重要的两种智能,但不是全部,并且有些学生在这两方面并不擅长。因此,针对学生的教育不能采用统一的方法,而是要关注学生之间存在的差异,并根据学生的差异采取多样化的教学模式,这样有助于学生智能的开发,也有助于学生学有所得、得有所长。对教师来说,学生智能上的差异不是教育的负担,而是一种宝贵的资源,教师要学会用欣赏的眼光去看待学生,避免用一把尺子去衡量学生,而是要充分挖掘学生的智能,并施以正确的引导,从而使每个学生的智能都能够得到良好的发展。教师在历史教学史料应用实践中应该认识到学生在智能类型上存在的差异,使每个学生都能够发挥其智能优势,激发他们对历史学习的兴趣,提升史料应用的教学效果。

三、心理学理论基础

认知心理学、学习动机理论等心理学理论在解释学生如何有效学习史料方面具有重要作用(见图1-8)。

◎历史教学中史料应用研究

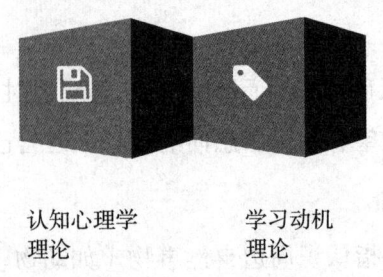

认知心理学理论　　学习动机理论

图 1-8　史料应用的心理学理论基础

(一) 认知心理学理论

认知心理学理论是研究人类感知、记忆、思维、理解、语言以及问题解决等认知过程的科学。认知心理学理论为历史教学史料应用提供了重要的理论依据和方法指导，通过对学生认知过程的认识，教师能够合理运用史料来安排教学内容，帮助学生理解和掌握历史知识。

教师在应用史料进行历史教学时，要充分考虑知识特点和认知水平，结合学生的实际情况来选取恰当的史料。可以选取一些生动的图片、引人入胜的故事等具有吸引力的相关史料，吸引学生的注意力，引发他们对历史学习的兴趣。成功吸引学生的注意力，是历史学习过程认知的起点，学生只有对历史学习产生兴趣，才能够主动参与历史学习，接受、处理和储存相关的历史信息来构建历史体系。在历史知识体系的构建过程中，教师要加深学生对知识的理解和转化。帮助学生梳理历史事件的时间顺序和因果关系，加深他们的记忆效果；对于比较难以理解的史料，教师要进行详细的阐释或提供相关的背景信息，帮助学生加深理解。教师还可以通过设计问题和任务，激发学生的探究兴趣，培养他们的问题解决能力。通过史料分析和案例研究，学生可以在解决具体历史问题的过程中，锻炼他们的思维能力和实践技能。

（二）学习动机理论

在历史教学史料应用中，学习动机理论尤为重要，因为它关注激发学生的内在驱动力，从而提高教学质量。学习动机是指个体参与学习活动的心理动力，它影响着学生的学习兴趣、学习投入和学习成绩。理解和应用学习动机理论，有助于教师采取合适的教学策略，提高学生的学习积极性。自我决定理论是一种广泛应用于教育领域的学习动机理论。该理论强调内在动机与外在动机之间的关系，并主张激发学生的内在动机以提高学习效果。内在动机来源于个体对某一活动本身的兴趣和热情，如学生对某一课题的好奇心和探索欲。外在动机来自外部刺激，如奖励、惩罚或社会期望等。历史教学中教师可以采用以下方法激发学生的学习动机。首先，教师应关注学生的兴趣和需求，选取能激发学生兴趣的史料，使学生更容易产生学习兴趣。教师应鼓励学生提出问题、参与讨论和解决实际问题，培养学生的探究精神和创新能力。其次，在教学过程中，教师可以设置明确的学习目标和期望，帮助学生树立自信心和成就感。具体而言，教师可以与学生一起制订个人化的学习计划，指导学生设定短期和长期的学习目标，鼓励学生积极努力去实现这些目标。最后，教师应采用多样化的教学方法和评价方式，以满足不同学生的学习需求和动机。例如，教师可以通过小组讨论、项目合作、案例分析等方法激发学生的合作精神和实践能力；教师可以采用形成性评价和终结性评价相结合的方式，关注学生的学习过程和学习成果，给予学生及时的反馈和支持。

第四节 历史教学中史料应用的重要性

在历史教学中，史料不仅是历史事实和历史研究的基本依据，也是丰富历史教学内容的重要资源。历史教学中史料应用的重要性主要体现在以下几个方面（见图1-9）。

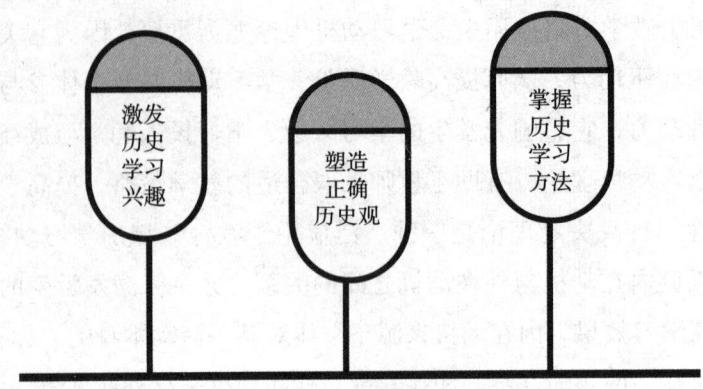

图1-9 历史教学中史料应用的重要性

一、激发历史学习兴趣

中学时期学生正处于好奇心和探索欲比较强的阶段。这一时期学生的思维能力和分析能力都有了一定的发展，但是对于一些抽象的概念和难以理解的历史知识容易产生抵触情绪。在历史教学史料应用过程中，教师一定要多加注意，否则不但不能引起学生的学习兴趣，还会使他们对历史教学产生抵触心理。学习最好的刺激是对所学材料的兴趣。[①]兴趣是最好的老师，是驱动学生的内容部动力，它能够有效调动学生的积极性和主动性，使学生成为学习的主人，由消极接受变为主动学习。

教师要善于运用丰富生动的史料，激发学生对历史学习的浓厚兴趣。不同类型的史料能够起到不同的作用：历史文献、名人传记等文字史料便于学生阅读和理解，便于学生对历史事件和历史人物具体细节的了解，通过对历史文本的分析，学生的阅读能力和理解能力都会得到有效提升；

---

① 布鲁纳. 教育过程[M]. 上海师范大学外国教育研究室，译. 上海：上海人民出版社，1973：10.

历史照片、地图等图片史料能够带给学生直观的视觉冲击，使学生建立对历史事件、地理背景等方面的直观印象，能够更好地帮助学生理解历史时空概念，增强对历史的理解和兴趣；历史文物、考古发现等实物图片能够使学生亲身体验历史，感受历史的真实存在，激发学生对历史的好奇心和求知欲，促使他们积极参与到历史学习中；影像史料能够对学生的多重感官造成冲击，更直观地了解历史事件的经过和影响，通过视听结合的方式增强学生对历史知识的记忆效果。

二、塑造正确历史观

历史观是指人们对于历史的根本看法，或者指人们对于历史运动及其一定规律的理论概括。[1]历史不是简单的对过去的记录，它对个人和社会都有着深远的影响。历史事件具有无可替代的真实性，但是经过岁月的洗涤，历史的真相已经逐渐模糊。通过史料，学生能够窥见历史的原貌、探寻历史的真相，教师可以选择具有代表性的官方文件、日记、信件、照片和实物等史料，让学生亲自分析和解读，感受历史的真实存在。历史史料可以引起学生的深思，形成自己的认知，从而塑造正确的历史观，这是历史教学的真谛和教育目标所在。

正确的历史观是建立在对历史事件的正确看法和态度上的，不同类型和来源的史料能够对历史事件提供不同的解读，学生通过比较分析能够认识到历史研究的多样性、复杂性，从而能够从不同的角度去解读历史事件和历史现象。通过比较分析，学生能够建立起对历史事件的客观认识和正确看法，从而培养独立思考能力和正确的历史观。

---

[1] 陈梧桐.秋实集[M].郑州：河南文艺出版社，2022：375.

三、掌握历史学习方法

历史教学史料应用应该积极发挥学生的主体性，积极发动学生参与到史料的搜集、整理、分析等相关活动中去，通过不断提出问题、分析问题、解决问题提高学生的历史认知水平，使学生熟练掌握历史学习方法。在实际教学过程中，教师可以通过史料的应用，帮助学生掌握多种历史学习方法，培养他们的自主学习能力和历史研究精神。

要具备搜集历史信息的技能，这是对史料进行阅读、整理和分析的基础。在具体教学活动中，教师可以设立以史料为基础的相关主题活动，鼓励学生多方搜集与主题相关的史料。通过实践的锻炼，学生搜集历史信息的技能能够在无形中得到提高。学生搜集信息后还要能够对其进行理解和分析，形成自己对历史的认知。阅读和分析历史材料是理解历史现象、分析历史问题的基础，通过对史料的仔细阅读和分析，学生能够了解历史事件的发生背景、过程和影响，建立对历史事件的全面认识，形成对历史的深入理解，阅读能力和分析能力也能得到有效提升。在史料应用中归纳总结也是不可或缺的学习方法。对历史现象和历史事件的深入认识，能够归纳总结出历史发展的基本规律和趋势，形成对历史的整体和系统认识，从更宏观的角度理解问题。

第二章 历史教学中文字史料的应用

第一节 文字史料概述

一、文字史料的定义

文字史料是指以文字形式记载人们过去生活（包括生产、生活和思想）而遗留下来的文字痕迹。[1] 文字史料是史料中数量最多的一个大类，在历史教学中具有不可替代的地位，它以书籍、报纸、期刊、档案、文献、日记、信件等文字形式对历史事件、历史人物、社会变迁等历史的多个方面进行了详细记录，是记录和传承历史的重要载体，为历史教学和历史研究提供了丰富的原始资料。文字史料可以是当时历史事件的目击者或者参与者的直接记录，这类直接记录的史料具有更高的可信度。文字史料也可以是后人根据前人的记录或传说进行整理的间接记录，这类文字史料经过多个视角的综合分析，具有独特的价值。

---

[1] 张野. 文字史料在初中历史教学中的运用研究[D]. 锦州：渤海大学，2020.

"一切具有历史意义的文字记录,无一不是史料。"[1] 文字史料是最为常见的史料,它在历史教学和历史研究中具有特殊的地位。无论是存世数量、时间跨度、传播范围,还是记录内容的翔实准确,文字史料都具有不可替代的优势。文字史料所包含的信息相对来说都是非常稳定的,囊括了关于历史社会生活、社会思想等大量的信息,不仅是历史事实的记录,还反映了一定历史背景下的思想、观点、情感等。通过文字史料,人们可以了解古代人民的生活方式、法律制度以及社会规范等多个方面。学生可以对文字史料进行多次阅读而不会发生改变,相比口头史料,文字史料具有更大的可靠性、真实性和稳定性。

二、文字史料的基本特点

文字史料为学生深入了解历史社会的变迁、历史事件等提供了丰富的信息,其基本特点主要体现在以下几个方面(见图2-1)。

图 2-1 文字史料的基本特点

(一)权威性

文字史料通常由历史学家、政府部门、学术机构等编纂和记录,具有较高的权威性。特别是史书、档案等文字史料的编纂者往往具有丰富

---

[1] 白寿彝.史学概论[M].北京:中国友谊出版公司,2012:4.

的历史知识和严谨的考证能力,在处理这些资料时,会进行详尽的考证和分析,遵循严格的历史研究方法,确保所记录内容的每一个细节的可信度和准确性。文字史料的编纂者要具备扎实的历史知识、较高的历史素养和专业精神,在编纂过程中,能够尽量避免个人情感因素和主观偏见的影响,保持客观的立场态度,尽可能真实地反映历史事件的本来面貌,为历史教学和历史研究提供可靠依据。这种翔实准确的具有权威性的文字史料,是历史教学中不可或缺的重要资源,学生通过阅读这些资料,能够获得真实的历史知识,形成对历史事件、历史现象的正确认知,得以窥见历史的真貌,避免了片面信息的误导,有助于正确历史观和历史思维能力的培养。

（二）详细性

文字史料具有详细性的特点,它详细记录了历史事件的具体经过、相关背景以及人物的活动等方面,有的事件发生的时间、地点、参与者、事件发展的各个阶段以及最终的结果等细节都会有所记录。通过这些翔实的文字史料,人们能够理解历史事件发生的原因,解释实践的深层意义和影响。人们还能够通过某一时期的政治、经济、文化等多方面的背景信息,详细了解这一历史时期的社会面貌、民众生活等重要内容,发现历史发展的因果关系和本质,全面把握历史发展的脉络和趋势。

历史事件往往不是单一因素所致,而是多种因素相互作用的结果。详细的文字记录揭示了这些复杂的互动过程,使学生能够认识到历史发展的多种因素和影响。这种深入的理解不仅有助于学生掌握历史知识,还培养了他们的分析能力。学生通过分析详细的文字史料,可以学会如何从多个角度审视历史事件,发现其中的因果关系和内在联系。这种能力对于他们今后的学习和生活具有重要的意义。

（三）连续性

文字史料能够对某一历史事件、某一历史人物进行连贯的记录,具有持续性的特点。比如，年谱、日记、各种系统性文献资料等文字史料，通常以时间为线索，或者记录历史事件的因果、不同阶段的发展变化和演变过程，或者展示历史人物的日常生活、思想变化以及时代背景，为历史事件和历史人物的研究提供了宝贵的资料。这种连续性的文字史料能够提供一种历史的时间感，方便人们更好地了解历史长河的变迁。通过阅读和分析这些连续记录，学生可以感受到历史发展的时间轴，了解不同事件在时间上的排列和互动。这种时间感帮助学生认识到历史发展的连续性和阶段性，增强他们对历史的整体理解。通过对连续性文字史料的分析，学生可以看到不同事件之间的因果关系和相互影响，了解历史发展的整体脉络。这种整体把握能力对于学生形成系统的历史观具有重要意义。连续性文字史料提供了丰富的历史细节和背景信息，学生通过分析能够学会如何从多个角度审视历史事件，发现其中的因果关系和内在联系。这种分析能力和思维能力对于学生今后的学习和生活具有重要的意义。

（四）主观性

文字史料在记录过程中难免会受到记录者所处时代的限制，带有一定的个人观点和主观色彩。记录者由于受社会阶层、教育背景、政治立场等个人因素的影响，对历史事件的记录和解释虽然是对客观事实的陈述，但是难免包含个人观点和情感在里面。由于记录者的目的和动机不同，呈现出的文字史料在内容和描述上就会存在一定的差异。有的记录者的文字史料可能仅仅是对个人经历或历史事件的描述，有的则可能是通过记录来传达某种政治理念或价值观。这样的文字资料也会带有一定的主观性，反映出记录者的主观意图。

三、文字史料的主要类型

文字史料根据性质和用途可以划分为文献资料和文艺史料两种不同

的类型,具体如下(见图2-2)。

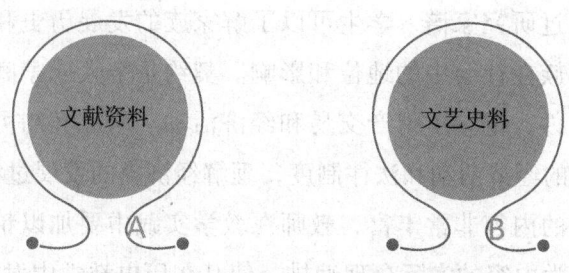

图 2-2 文字史料的主要类型

(一)文献资料

对于历史教学来说,文献资料是指用文字记载下来的有关人类历史活动的原始资料,文献资料的范围比较广泛,其类型有很多种,如正史类、别史类、杂史类、档案类、方志类、文件类、传记类、日记类、报章类以及古文字类(如甲骨金文、石刻碑文)等。[1] 文献资料通常包括政府机构编纂或记录的官方文献、个人记录的私人文书、学术机构编纂或出版的学术出版物等,这类的文献资料通常具有较高的历史价值和学术意义。

法律条文、政府公告、外交信函等官方文献具有很大的权威性和可信度,通过这些文献学生能够了解不同历史时期的法律制度、政策措施、国际关系等多方面的历史知识,了解历史的全貌,进一步分析历史发展的规律和趋势。日记、书信、家谱、契约等私人文书,记录了个人或者家庭的日常生活、经济活动、社会交往等各方面的信息。日记主要记录个人日常生活和思想经历的文字资料,从一定程度上反映了个人的生活经历和思想变化。学生通过日记能够了解人物的生活经历、心理活动等方面的细节,增强对历史的感性认识。书信反映了人物的个人关系和社会交往情况,帮助学生了解历史人物之间的交往和交流,理解社会关系

---

[1] 于友西,等.历史学科教育学[M].北京:首都师范大学出版社,1999:140.

和文化氛围。家谱是记录家族世系和成员关系的文书，反映了家族的历史和传承。通过研究家谱，学生可以了解家族的发展历史和成员的生活情况，了解家族在社会中的地位和影响。契约是个人或家庭之间的经济合同和法律文件，记录了财产交易和经济活动。研究契约可以帮助学生了解历史时期的经济活动和法律制度，理解经济史的发展过程。

文献资料的内容非常丰富，教师在教学实践中要加以精选，结合学生的学情和教学内容的实际合理编排，使其在历史教学中发挥最大效用。对于比较晦涩难懂的原始文献资料，教师要结合考古学、语言学等方面的知识进行适当的处理，转化为更适合中学生接受的形式，以通俗易懂的语言传授给学生，提高历史教学的效率。

（二）文艺史料

文艺史料是指用诗歌、小说、戏剧等文艺体裁反映历史的资料。[1]虽然这类史料可能带有一定的主观意识和情感色彩，是对历史现实的引申再现，多采用文学夸张的艺术手法，难免存在一定杜撰和虚构成分，但文艺史料仍不失为历史教学与历史研究的重要补充，能够反映出社会风貌、历史人物的思想观念等，为研究社会历史和文化史提供了丰富的资料和独特的视角，具有一定的参考价值。文艺作品常常通过艺术手法表达创作者的思想和情感，诗歌通过抒发情感来表达对某一历史事件的感受和评价；小说通过故事情节和人物塑造展现社会生活和历史背景；戏剧则通过角色的对话和行为反映社会现实和历史事件，这种主观性使文艺史料不仅记录了历史事件，还反映了创作者对这些事件的看法和理解。这类文艺作品通常采用比喻、象征、夸张等，多种文学和艺术手法，使这些史料具有较高的艺术价值。这种艺术性不仅增强了作品的感染力和表现力，也使文艺史料在记录历史时具有独特的视角和表达方式。

在历史教学中，文艺史料可以作为一种重要的辅助资料，帮助学生

---

[1] 朱煜.论史料教学[J].中学历史教学参考，1999（1）：33-35.

更好地理解和感受历史。通过分析和欣赏文艺作品,学生可以从多个角度和层次了解历史事件和社会生活,培养他们的历史思维能力和文学素养。文艺作品通过故事情节、人物对话和场景描写,将历史事件和社会生活形象化、具体化,使学生能够直观地感受到历史的真实和生动。例如,通过阅读描写战争的诗歌或小说,学生可以体会到战争的残酷和人们的痛苦,增强他们对历史事件的感性认识。文艺作品常常通过人物的内心独白、对话和行为展现他们的思想和情感,这对于理解历史人物的个性和动机具有重要意义。例如,通过分析戏剧中的人物对白,学生可以了解历史人物的思想观念和行为逻辑,进而理解他们在历史事件中的角色和作用。文艺作品不仅记录了历史事件和社会生活,还反映了当时的文化氛围和社会风尚。通过阅读和欣赏这些作品,学生可以了解不同历史时期的文化特征和社会习俗,增强他们的文化理解能力和审美能力。

四、文字史料应用的原则

文字史料作为一种重要的史料类型,具有丰富的内容和深刻的思想价值。教师在具体的应用过程中需要遵循一定的原则,以确保文字史料对历史教学的促进作用(见图2-3)。

图2-3 文字史料应用的原则

(一) 真实性原则

真实的历史依然是历史学家永恒的追求，因为离开了真实，史学就没有任何价值，就不成其为科学。[①] 真实性原则是文字史料应用的核心和基础。历史教学的目标之一是帮助学生形成对历史事件和人物的准确理解，而这一目标的实现依赖史料的真实性。在这个信息爆炸的时代，教师和学生都面临着从大量信息中甄别真实、可靠史料的任务。教师应保证所用文字史料的真实性，使学生获得可靠的历史知识，并在此基础上进行进一步的思考和研究。

真实性原则强调教师在教学过程中，应注重采用多种方式验证史料的真实性，通过对比不同史料中的信息，检验其一致性和可靠性。教师可以选择多个来源的文字史料让学生进行对比分析，找出其中的一致性和差异，从而形成对历史事件的全面理解，培养学生的科学历史思维和研究能力。教师在利用网络和其他现代技术搜集史料时，也要避免过度依赖单一来源，应多渠道、多角度验证史料的真实性，为学生传授如何在现代信息环境中进行有效的信息甄别，这对学生未来的学术研究和日常生活均具有重要意义。

(二) 适度性原则

适度性原则主要涉及史料的使用频率、难易程度和篇幅长度，这三个方面共同影响教学的质量和学生的学习体验。

其一，文字史料的使用频率方面。教师需要平衡好课堂上史料讲解与历史教材内容的关系。历史课的主旨是帮助学生掌握教材知识，文字史料应作为辅助工具深化理解和丰富知识。如果过度依赖文字史料课堂就会偏离其本质，变成对史料的单纯解读而忽视对教材的系统学习。过多的史料堆积也会消耗宝贵的教学时间，引起学生的疲劳和反感，影响

---

① 葛剑雄，周筱赟.历史学是什么[M].北京：北京大学出版社，2003：216.

学习效率。其二，文字史料的难易程度方面。考虑到大量古代文字史料使用文言文书写，学生理解上会有一定困难。因此，教师在选取史料时应考虑学生的认知水平，根据学生的理解能力和认知水平进行筛选。对于复杂的原始史料，要根据学生的理解能力进行适当的简化或解释，确保学生能够理解，从中获得历史知识。在使用二手史料时，教师要对其来源和作者的背景进行仔细审查，以保证所传达信息的准确性和适宜性。其三，文字史料的篇幅长度。如果选取的史料太短，可能无法完整表达历史事件的复杂性或者人物的多维特点；史料过长，则可能导致教学时间的分配不均，影响整体的教学进度和效果。因此，教师需要在自己的文学素养和对教材内容的深刻理解的基础上，精心挑选或调整史料的长度和内容，使之既能传达足够的信息，又不过度影响课堂进度。

通过这三个方面的精心设计和平衡，教师可以更有效地利用文字史料，既丰富了课堂教学内容，也提高了学生对历史知识的兴趣和理解，有助于学生更全面地理解历史事件和人物，培养他们的历史思维能力和思考技能。

（三）实证性原则

实证性原则强调史料在历史学习中作为验证历史事件和结论的证据的作用，教学活动中要帮助学生掌握历史知识，通过分析、推理和证实史料中的信息，逐步发展其高级思维能力，形成扎实的证据意识，培养学生的历史实证能力。

实证性原则强调教师需要在几个方面给予特别注意。第一，证据的全面性。教师应通过多元化的渠道搜集史料来确保获得的信息全面且有代表性。全面和丰富的史料能够增强历史结论的说服力，使学生对历史知识的理解更加深刻和准确。如果史料不全或信息量有限，就可能导致学生对历史事件有片面的认识。第二，证据的多样性。不同类型的史料可以提供关于同一历史事件的不同视角，使历史的探讨更为丰富和立体。

文字记录、视觉材料和口述历史等都可以作为互补的史料，共同用于验证某一历史论断。教师应鼓励学生利用这些多样的史料进行交叉验证，以增强他们的历史理解。第三，史料的差异性。不同的史料可能因作者的视角、立场不同而展现出不同的历史解读，展示了历史问题的复杂性，帮助学生理解历史的多元性。学生通过分析史料中的差异，可以培养他们从多角度审视问题的能力。第四，对史料的深入思考。教师要指导学生对史料的来源、真实性、作者的立场及其背景等进行探究，帮助学生识别和评估史料的价值，加深他们对历史事件背后更广泛的社会、文化和个人因素的理解。

（四）渐进性原则

渐进性原则强调史料的难度要与学生的认知和心理发展阶段相适应，既不能过难，以免学生感到困惑和挫败，也不能过于简单，以防学生失去学习的兴趣和挑战性。

渐进性原则在实际教学中的应用体现在三个方面。其一，教师需要根据学生的年龄和认知能力精心挑选史料。对于年纪较小或认知能力较低的学生，教师应选择内容较为简单、易于理解的文字史料，以帮助他们建立起对历史的初步理解。随着学生年龄的增长和认知能力的提高，可以逐步引入更复杂的史料，以促进他们的深入学习和思维能力的发展。其二，教师在课程安排上应考虑史料的难易顺序，遵循由浅入深的教学策略。在课堂开始阶段教师应先引入一些基础性的史料，帮助学生逐渐适应课堂的学习节奏和历史思考的方式。随着课堂的深入，教师应逐步展示更具挑战性的史料，以保持学生的学习动力和思维活跃。这种渐进的教学方式有助于学生在感觉不到压力的情况下，逐步提升他们对复杂历史材料的处理能力。其三，教师需注意史料的教学处理方式。对于较难理解的史料，教师应提供充分的背景信息、详细的解释和必要的指导，帮助学生克服理解上的难点。对于较简单的史料，教师则可以通过提问、讨论等方式，激发学生的思考和深入分析，提高他们的学习积极性和独立思考能力。

五、文字史料应用的作用

文字史料应用在历史教学中的应用具有重要的作用，主要体现在丰富历史教学内容、激发学生的学习兴趣、开拓学生的思维、促进学生综合能力的发展等几个方面（见图2-4）。

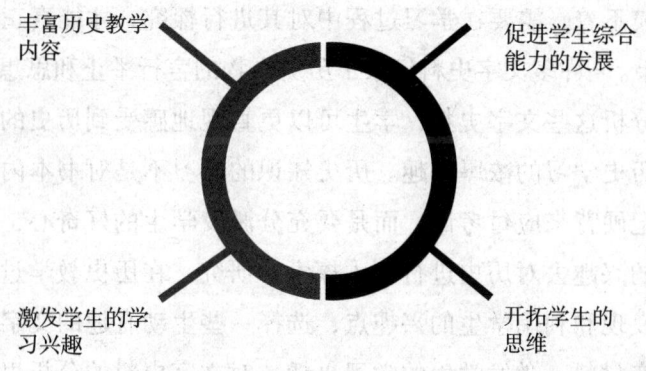

图2-4　文字史料在历史教学中应用的作用

（一）丰富历史教学内容

历史教学活动的开展需要丰富的历史史料，特别是作为主要沟通媒介的文字史料，对教师的讲授、学生的理解都具有莫大的帮助，是历史教学活动得以开展的必要前提。文字史料记录了大量的历史信息，包括历史事件的具体经过、背景、结果，以及历史人物的活动和思想。这些信息为学生提供了详尽的历史资料，帮助他们全面了解历史事件和历史人物。通过引用这些文字史料，教师可以向学生展示历史事件的具体细节，使他们全面了解历史的复杂性。通过阅读文字史料，学生能够了解不同历史时期的社会风貌和文化背景，这些多样化的信息不仅丰富了学生的历史知识,还增强了他们对历史的感性认识。

没有文字史料参与的历史教学是索然无味的。在教学实践中,教师要善于甄别文字史料,选取合适、优秀的文字史料作为历史教学的有益补充,避免虚假的无用的文字史料流入课堂教学,使学生全面、详尽地了解历史事件和历史人物,为历史教学注入新的活力。

(二)激发学生的学习兴趣

历史对于中学阶段的学生来说是一门趣味性很强的学科,因为学生看不见、摸不着,需要在学习过程中对其进行探究,才能真正了解事件的前因后果。[①]许多文字史料记录了历史人物的言行举止和思想感情,通过阅读和分析这些文字史料,学生可以更直观地感受到历史的真实,从而增强对历史学习的浓厚兴趣。历史知识的学习不是对书本内容的照搬照抄,死记硬背来应付考试,而是要充分激发学生的好奇心,促使学生出于自身的兴趣去对历史进行深入探索和研究。在历史教学过程中,教师要善于发现和利用学生的兴趣点,选择一些生动有趣的文字史料作为教材的补充材料,激发学生的学习兴趣。对文字史料的分析思考,能够调动学生对历史学习的积极性,在教师的引导下学会归纳总结,充分激发学生对历史学习的浓厚兴趣,提升教学的有效性。

(三)开拓学生的思维

历史教学的目的,不仅仅是学生对于历史知识的掌握,更重要的是开拓学生的思维,帮助他们树立正确的思维观念,为未来的成长和发展打下坚实的基础。中学生的思维能力具有一定的局限性,通过历史教学中文字史料的引入,能够帮助学生对历史知识进行重构,锻炼学生的思考分析能力,开拓其思维。

文字史料具有多样化、复杂化的特点,能够提供多元化的历史视角,

---

① 张野.文字史料在初中历史教学中的运用研究[D].锦州:渤海大学,2020.

帮助学生从多个角度去思考历史。通过阅读和分析不同类型的文字史料，学生可以了解同一历史事件的不同解读，认识到历史的多种可能性和多重视角。文字资料含有丰富的历史信息，不同记录者由于立场、观点等存在差异，呈现出的历史信息也不尽相同。通过接触这些观点各异、各家之言的文字史料，学生能够跳出教材中的刻板思想束缚，摆脱固定思维模式的限制，以全新的、辩证的眼光来看待历史，建立起客观端正的历史观，形成对历史的丰满、理性认识。

（四）促进学生综合能力的发展

在历史教学中，文字史料的引入能够全面发展学生的阅读理解能力、分析能力、批判思维能力、沟通合作能力等多种综合能力，促进学生的全面发展。文字史料通常语言复杂、内容丰富，要求学生具备较高的阅读分析能力。通过阅读和分析这些史料，学生可以学会如何抓住文章的主旨和要点，了解其中的细节和背景，增强他们的阅读理解能力。学生在阅读和分析文字史料时，还要学会识别和分析其中的主观因素，对同一历史事件的不同观点进行比较分析，发现其中的矛盾和异同。教师可以组织学生进行小组研究和合作学习，让他们分工合作，查阅文字史料，进行资料整理和撰写报告。在这个过程中，学生不仅可以学会如何与他人沟通合作，还可以培养团队精神和合作能力。

第二节 文字史料的选取步骤

"要使历史学走上科学的阶梯，必须使史料与方法合二为一。"[1] 文字史料作为历史教学中的重要资源，它的选取不能任意为之、毫无章法，而是应该遵循一定的步骤。科学规范的史料选取流程有利于为历史教学

---

[1] 翦伯赞.史料与史学[M].2版.北京：北京出版社，2011：86.

提供丰富、高效的教学资源，培养学生的历史素养，提高历史教学效果。

一、做好文字史料选取准备工作

教师在进行文字史料的选取前，必须做好充分的准备工作，以确保文字史料选取的科学有效（见图2-5）。

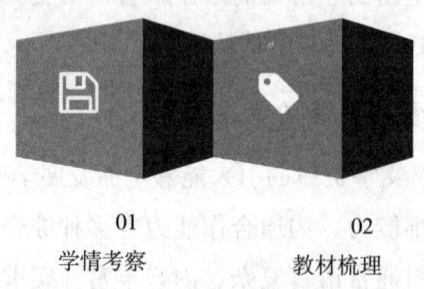

01 学情考察　　02 教材梳理

图2-5　做好文字史料选取准备工作

（一）学情考察

历史教学的主体是学生，中学生处于生理、心理快速成长的关键时期。通过学情考察教师能够了解学生认知水平、思维方式、学习习惯等基本情况，使文字史料的选取更有针对性和科学性。

中学阶段的学生由于知识基础、能力水平等方面存在差异，认知水平存在明显的差异。在选取文字史料时，教师需要综合考虑学生的整体情况，考虑到不同认知水平的学生的接受和理解能力。对于认知水平较低的学生，教师应选取相对通俗易懂的文字史料，耐心辅导，帮助他们更好地理解和掌握历史知识；而对于认知能力比较强的学生，可以适当选取一些较为复杂的文字史料，激发他们的探索精神和求知欲。在思维方式方面，尽管中学生的思维能力已经具备一定程度的发展，但从总体上来说，这一阶段的学生仍是以感性思维为主的，在理性思维的深度思考方面相对有所欠缺。教师在进行文字史料选取时一定要充分考虑这一阶段学生的思维特点,选取适合的文字史料。学生的学习习惯也是必须考察的学情内容。不同的学生的阅读习惯和偏好也各不相同,教师要善于通过学情考察发现不同学生的学习习惯,满足不同学生的学习需求。对于喜欢阅读的学生,教师应尽可能多地选择一些文字篇幅较长、内容翔实的史料;而对于喜欢互动与讨论的学生,教师可以选取一些开展讨论和引发思考的文字史料话题。教师只有仔细考察学情,做好学生学情的通盘把握工作,才能够更有针对性地开展后续的文字史料选取工作。

(二)教材梳理

在历史文字史料选取工作中,教师不仅要考察学情、充分了解教学主体对象,还要对历史教材进行全面的分析、梳理,确保文字史料选取符合课程教学目标,确保史料选取的正确方向。具体来说,需要做好以下几方面的工作。

其一,结合教学主题进行文字史料选取。在教学梳理过程中,教师要对每一单元、每一课的教学主题做到心中有数,抓住核心的历史事件和关键历史人物,为文字史料的选取提供依据。主题起到提纲挈领的作用,教师只有抓好主题,在选取文字史料时才能够有的放矢、游刃有余,达到事半功倍的效果。其二,厘清重点和难点。历史教学中史料是教学内容的有益补充,但是支撑起整个课堂教学的还是以教材为主干的知识体系,因此,教师有必要对教材内容进行全面梳理,了解教材的重点和难点,为史料选取提供依据。这样确保选取出直接支撑重点难点的文字史料,还能确保所选史料能够全面覆盖并深化学生的理解,避免教学内容的片面性。其三,外围延伸探索。除了核心教学内容外,教材中经常含有边缘或拓展的知识点。对这些内容的深入探索通常需要辅助性的史料来增强解释力或提供比较视角。教师在教材梳理时应识别这些边缘知识点,适当选择能够拓宽学生视野的史料,这样既丰富了课程内容,也增加了课堂的吸引力和教育的深度。以上三个方面的教材梳理,既做到了主体的引领，又有重点难点的渗透，再加上外围的延伸探索，做到了对教材的全方位把控，能够为文字史料的选取做好充分的准备，确保文字史料的相关性和适用性，提高教学的有效性和学生的学习体验。

二、明确文字史料选取的目标

明确文字史料选取的目标能够指导教师高效地选取适合的史料，确保选取的史料在教学中发挥最大效用。文字史料的选取不能脱离课程大纲和教学计划，历史课堂教学具体到每一节课都有具体的教学目标，包括详细的知识目标、情感目标和能力目标。教师要紧扣这些教学目标，选取能够详尽呈现相关知识的文字史料，帮助学生更好地理解和记忆相关历史内容。文字史料的选取还要有助于学生对历史知识的深度理解和思考。历史教学不仅仅是传授知识，更重要的是培养学生的历史思维能力和分析问题的能力。为此，选取的文字史料应能够引导学生进行深层次的思考，教师应选取难度适宜、能够提供不同视角的具有启发性的文字史料内容，加深学生对历史事件的理解，激发他们对历史学习的兴趣。

三、多渠道搜集文字史料

为确保历史教学内容的深度和丰富性，教师可以通过利用教科书中的史料，图书馆、博物馆和档案馆等馆藏资源，网络等多种渠道搜集文字史料（见图 2-6）。

第二章　历史教学中文字史料的应用◎

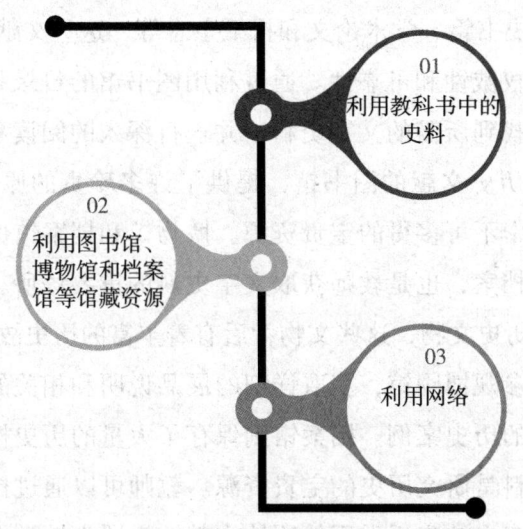

图 2-6　多渠道搜集文字史料

（一）利用教科书中的史料

教科书是历史教学中教师和学生的主要学习资源，其中所包含的材料研读、历史事件等文字史料都是专家和学者经过严格挑选的。这些史料不但内容丰富、多样，而且在教学和学习中具有高度的教育价值和实用性。还有教科书中的引用和参考文献，也为教师提供了进一步深入研究和获取原始文字史料的线索。在文字史料的选取过程中不能舍本逐末，为了刻意寻求新颖而独特的史料而忽视教科书中的丰富资料，忽略了最便捷、最直接的资源，反而去寻找其他可能不那么可靠或难以获取的史料，这种做法是不可取的，应该引起教师的重视。教科书中的史料也常是考试题目的来源，其出现频率较高，因此教师应当重视并充分利用这些资源。通过有效地使用教科书中的史料，教师不仅可以提高教学的效率，还可以帮助学生对历史进行深入理解。

（二）利用图书馆、博物馆和档案馆等馆藏资源

图书馆拥有丰富的文字资源，是搜集文字史料的传统渠道。图书馆

拥有大量的历史书籍、学术论文和报纸杂志等，这些文献不仅内容翔实，还具有较高的权威性和可靠性。通过利用图书馆的目录和检索系统，教师可以高效地找到所需的文字史料，并进行深入的阅读和研究。特别是一些专门收藏历史文献的图书馆，提供了许多珍贵的原始资料和文献，这些都是教学中不可多得的宝贵资源。博物馆和档案馆保存了大量的历史文物和原始档案，也是教师获取文字史料的重要场所。博物馆通过展览展示了许多历史文物，这些文物背后有着丰富的历史故事和背景信息。教师可以通过参观博物馆，获取详细的展品说明和相关的文字资料，为教学提供生动的历史案例。档案馆则保存了大量的历史档案和文件，这些原始文献资料是研究历史的宝贵资源。教师可以通过档案馆的查阅服务，获取到许多未被广泛引用的原始文献，为课堂教学提供独特的史料支持。

（三）利用网络

网络信息资源具有获取便捷、丰富多样的特点，在历史教学文字史料搜集中应该加以充分利用，进一步扩大文字史料的来源途径。互联网能够突破时空的限制，为教师和学生提供随时随地学习的便捷、高效的资源获取平台。通过搜索引擎和各类教育平台，教师可以轻松访问到难以获取的珍贵历史资料，这些资料的引入能极大地丰富课堂内容，并增加教学的吸引力。这些网络资源能够帮助教师保持教学内容的最新性，因为网络上的信息更新迅速，教师可以实时获取最新的研究成果和历史解读。为了更有效地利用网络史料，学校可以考虑建立一个专门的史料信息库。这个数据库不仅可以存储按时间、朝代或主题分类的电子史料，还可以实时更新，供全体教师共享和利用。教师在进行教学研究或准备课件时，可以直接引用这些已经分类整理好的史料，从而减少重复劳动，提高工作效率。

四、确定文字史料内容

做好文字史料选取准备工作、厘清目标和搜集渠道后,基本确定了文字史料选取的大的方向和范围,但具体到选取怎样的史料内容,还需要进一步去细化斟酌,达到以下基本要求(见图 2-7)。

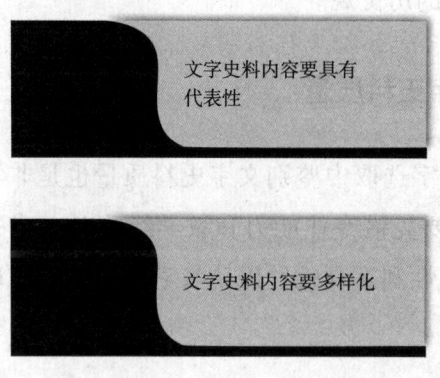

图 2-7 文字史料内容的要求

(一)文字史料内容要具有代表性

在选择历史教学的文字史料时,教师必须注意所选择的史料具有代表性,能够根植于课程标准,并有效地突出教学的重点和难点。

(二)文字史料内容要多样化

历史教学的史料选取绝不是单一性的史料罗列,更不是简单的史实呈现,而是要有不同的史料来互为佐证、互为补充,共同编制、组成更为完整的史料信息链。[①] 在历史教学过程中,选取的文字史料内容一定要多样化,这样才能保证有效的课堂教学效果,通过多样而严谨的史料来丰富课堂教学内容,培育学生的历史学科实证素养。

---

① 张雪威.初中历史教学中文字史料选取问题研究[D].石家庄:河北师范大学,2021.

在具体的内容选取过程中,一方面要注意横向上选取的多样性,对同一历史事件,可以选取不同立场、不同身份的人的评价的文字史料进行展示;另一方面要注意纵向上选取的多样性,从事件的纵向发展来看,史学家对历史事件或历史人物也会存在不同的看法,选取不同时间段的史学家文字评价史料能够丰富史料内容,帮助学生更为全面、客观地认识历史,培养科学的历史观。

五、鉴别文字史料质量

在历史教学文字选取中鉴别文字史料质量也是非常重要的步骤(见图 2-8)。教师需要凭借专业能力和教学经验对文字史料加以筛选,确保史料内容的真实性和客观性,以防教学内容被不准确或虚假的信息所侵蚀。

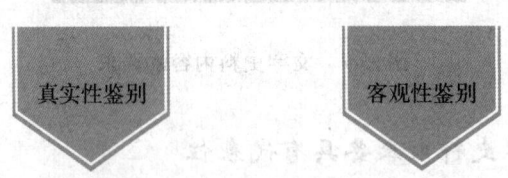

图 2-8　鉴别文字史料质量

(一)真实性鉴别

真实的第一手史料可以为学生提供历史事件的直接见证,但个别史料经过长时间传播,可能会出现误传、删改甚至是虚构的情况。因此,教师在选择史料时需要格外小心,避免引入可能误导学生的不准确信息。

在具体文字史料鉴别中,首先要做好史料来源的考察。如果史料出自知名学者或历史学家的著作,其真实性通常比较可靠。但也有许多史料并没有明确的来源或作者,这种情况下史料的真实性就难以保证。其次,逻辑推理与历史背景结合。对于来源不明的史料,可以通过史料中的时间、背景、用词以及涉及人物的动机等方面进行逻辑推理，将史料置于当时的历史环境中进行分析，用合理性来检验其真实性。例如，曾在网络上广泛传播的所谓"光绪帝在京师大学堂的演讲"，通过对光绪帝的行程和活动的历史记录进行考证，就可以发现许多不符之处。文章的语言风格与光绪帝时代的官方文言文迥异，便是一个明显的警示信号。

文字史料的真实性鉴别是历史教师必须掌握的关键技能，教师一定要树立鉴别意识，培养严谨的史料鉴别能力，去伪存真，筛选和利用高质量的史料，确保历史教学的内容既真实可靠又充满教育意义。

（二）客观性鉴别

历史是由人书写的，文字史料往往受制于记录者的主观立场和当时社会环境的影响，可能带有某种主观性。因此，教师在挑选文字史料时要对其客观性进行仔细鉴别。通过对比不同来源的史料表达的对同一事件或人物的不同观点，教师可以更准确地分析和判断史料的客观性。这种方法不仅有助于揭示史料中可能存在的偏颇或错误，还能帮助学生提高思维能力，学习如何从多个角度理解和评价历史事件。在教学实践中，教师应当引导学生不仅停留在表面的史料阅读上，还要深入分析每份史料的历史背景、作者的目的和可能的偏见。通过这种深入的史料分析，学生可以学习到历史不是一成不变的，而是一幅由不同声音和不同解释构成的历史画卷。

鉴别文字史料的客观性不仅是历史教师专业能力的体现，也是对学生历史思维能力培养的重要环节。教师需在准备和授课过程中持续地培养和运用这一技能，确保教学内容的准确性和深度，教育学生在面对任何历史史料时都能保持批判性和多角度的思考方式。这种方法论的教学和应用不仅能够增强历史课的教育效果，也为学生将来的学术研究和日常生活中的信息处理提供了宝贵的思维工具。

六、文字史料的加工与呈现

对文字史料的加工与呈现能够使其更适应学生的学情,确保史料在课堂上的有效传达和易于学生理解。

中学生的阅读能力和文言文理解能力尚有待提高,因此,教师在选择史料时不仅要关注史料的内容和历史价值,还需考虑其语言的难易程度,对史料进行适当加工,确保史料能够被学生理解并有效支持教学。

例如,在教授人教版《中国历史》七年级上册第11课《西汉建立和"文景之治"》时,可以选用以下文字史料:

"汉祖起丰沛,乘运以跃鳞。手奋三尺剑,西灭无道秦。"——王珪《咏汉高祖》

"刑罚罕用,罪人是希。民务稼穑,衣食滋殖。"——《史记·吕太后本纪》

"故逮文、景四五世间,流民既归,户口亦息,列侯大者至三四万户,小国自倍,富厚如之。"——《史记·高惠高后文功臣表》

"文、景之际,建元之始,民朴而归来,吏廉而自重,殷殷屯屯,人衍而家福。"——《盐铁论》

"海内安宁,家给人足。"——《资治通鉴》卷十五

"至武帝之初七十年间,国家亡事,非遇水旱,则民人给家足,都鄙廪庾尽满,而府库余财、京师之钱累百钜万,贯朽而不可校。太仓之粟,陈陈相因,充溢露积于外,腐败不可食。"——《汉书·食货志》

浅显易懂的白话文史料或准确的翻译版本史料更符合初中生的语言水平,有助于他们快速把握史料内容。对于不可避免需要使用的文言文史料,教师应根据教学需求进行必要的简化和概括。通过删减冗余部分、突出核心内容、利用颜色标注等方法增强其直观性和易理解性,将复杂的原始史料转换为结构更清晰、信息更集中的形式。这种加工不仅减轻了学生的阅读负担,也保留了史料的核心主旨和重要信息,确保教学的

深度和严谨性不受影响。经过加工简化的文字史料更能适应初中学生的认知水平和听课习惯，能够帮助学生更好地理解历史内容，提高他们的学习兴趣和参与度。教师在呈现这些史料时，可以结合具体的教学活动和讨论，进一步提升史料的教育效果。

在文字史料的呈现上要采取精细化管理，确保所选史料既精练又具有教学目的性。首先，教师在选取文字史料时应注重其数量和质量的平衡。由于每堂课的时间有限，过多或重复的史料不仅可能加重学生的认知负担，还可能引起他们的厌学情绪。因此，教师在选择史料时应避免雷同和重复，精选那些能够直接支撑教学点的史料，而非简单地追求数量。理想的史料应该能够直观展示历史事件的核心内容，避免在不必要的细节上浪费时间。其次，史料的文字量应适当控制。文言文史料由于其天然的难度和晦涩，建议控制在四行以内，以减少学生的理解负担。白话文史料，虽然相对容易理解，但应控制在五行以内，以防止过多的文字干扰学生的思维或引起视觉疲劳。在呈现史料时，应强调其实用性，避免为了少数关键信息而展示大段文本，这种做法不仅不利于信息的提取，也会影响教学的节奏和效率。最后，文言文和白话文史料的合理搭配。单一的文言文史料虽具历史感，但可能增加学生的理解难度和教师的讲解负担。反之，单一的白话文史料虽易于理解，但可能缺乏深度和历史的严肃感。理想的做法是将两者结合使用，根据课程内容的需求和学生的接受能力来调整文言文和白话文史料的比例，确保教学既生动又严谨。在讲解古代历史时适当引入文言文史料以增强历史氛围，而在探讨近现代史时则可以适当增加白话文史料的比例，来提高信息的可接受性和学生的学习动力。

例如，在学习《西汉建立和"文景之治"》这一课时，根据师生收集的材料，把秦朝以及汉朝初期的赋税、徭役、刑罚、开支、人口等情况通过表格的形式呈现，更加直观地展现史料，通过各个栏目内容的比较，学生更容易理解历史。（文字史料可以转换成表格，可以转换成时间轴等，帮助学生理解历史。）如表 2-1 所示，赋税从秦朝时期的约 2/3 到刘邦时期的 1/15，再到文景时期的 1/30，可以明显看出赋税负担的减少。学生比较容易从这些整理的史料中得到一定的认识，如从秦朝到文景时期，随着赋税、徭役、开支的减少，刑罚的逐渐减轻，人民的负担在逐渐减轻，人口在逐渐增加等的认知。这样的探究过程能够促进学生"史料实证"意识的逐渐养成，有利于他们在成长的道路上自觉地以实证意识和理性精神去自如地处理各种问题，在实践中不断强化实证意识。

表 2-1 秦朝以及汉朝时期情况表

项目	秦朝	刘邦时期	文景时期
赋税	约三分之二	十五税一	三十税一
徭役	一年较长 服役年龄从 17 岁始	一年一次	三年一次 服役年龄满 20 岁始
刑罚	连坐、肉刑	减轻刑罚	废除连坐和部分肉刑，以德化民
开支	大兴土木	减少开支	提倡节俭
人口	约 2000 万	约 1300 万	约 3400 万

第三节 文字史料的应用策略

历史教学中文字史料的应用是提高教学质量、激发学生兴趣、培养学生历史思维的重要手段。在学校层面、教师层面和学生层面采取相关应用策略，可以促进文字史料在历史教学中的广泛应用，提高教学质量，培养学生的历史思维和探究能力，使他们更好地理解和掌握历史知识。

一、学校层面

学校要结合自身的实际情况和需求，运用相关策略确保文字史料的有效应用和持续发展(见图2-9)。通过不断探索和创新,学校可以为历史教学注入新的活力和动力,使学生在学习过程中掌握历史知识、培养独立思考和解决问题的能力,为他们的全面发展奠定坚实的基础。

图2-9 学校层面策略实施

(一)提供丰富的资源支持

对于历史学科而言,需要学校为教师和学生提供丰富的资源支持,确保文字史料的获取和使用。图书馆、档案馆、网络等是搜集文字史料的主要途径,学校应该从这些方面入手,完善基础设施、配备先进设备,为教师和学生提供丰富的文字史料资源。

图书馆要设有专门的历史文献区域,收藏大量的历史书籍、期刊、报纸和电子资源,方便教师和学生查阅和借阅。档案馆保存有丰富的原始档案和文件,为教师和学生提供了宝贵的历史资料。通过建设和完善图书馆和档案馆,学校可以为文字史料的应用提供坚实的基础保障。学校通过与地方博物馆和档案馆合作,借用和展览地方的历史文物和资料,为学生提供更多的实物资料和真实的历史背景;还可以不定期邀请博物馆和档案馆的专家、学者到校举办讲座和指导,为教师和学生提供专业的指导和帮助。

随着信息技术的发展,中国知网、万方数据、国家数字图书馆、世界数字图书馆等学术数据库和电子书平台拥有丰富的数字化历史资源。

学校通过购买和订阅这些数据资源,能够为教师和学生提供访问和使用的权限,丰富数字化资源建设。另外,学校将图书馆和档案馆的纸质文献进行数字化处理,并将其上传到平台上,可以方便教师和学生在线查阅和下载。数字化资源平台能够提供便捷的检索和浏览功能,使教师和学生能够快速找到所需的文字史料。学校通过数字化平台可以发布最新的历史研究成果和教学资源,及时更新和补充数字化资源库。

(二)开展教师培训和交流

教师是文字史料应用的关键,学校应通过开展教师培训和交流活动,提高教师的专业素养和教学能力。教师在培训活动中不断受到新的教学理念和教学方法的冲击,能够催生出新的教育思想和教学理念。一方面,学校要定期组织教师参加专业培训和学术交流活动。通过参加专业培训,教师能够学习最新的历史研究成果和教学方法,提升自己的专业知识和教学技能。学校可以邀请知名历史学者和教育专家到校举办讲座和培训,为教师讲解文字史料的研究和应用方法,分享教学经验和心得。另一方面,校内的教学研讨和交流活动不可忽视。学校组织的教学研讨会,可以就文字史料的应用进行专题讨论和案例分析,分享成功的教学经验和有效的教学方法。学校还可以通过组织教师进行课堂观摩和评课活动,观摩优秀教师的课堂教学,学习和借鉴他们的教学经验和技巧。这类教学研讨和交流活动的开展能够促进教师不断改进和优化文字史料的应用策略,提高教学效果。

(三)建立校内研究机构和团队

校内研究机构和团队能够为文字史料的应用提供专业的支持和保障。学校可以组建由历史教师组成的专业的研究团队,负责具体的研究工作,通过明确的分工合作,共同对历史文献资料进行查阅、分析、整理,促进文字史料的应用和研究发展。研究机构还可以开展相关的历史研究项目,深化对文字史料的研究和应用,提高学校的历史教学水平和研究能力。学校可以设立研究的专项经费,支持研究机构和团队的研究与活动,提供必要的资金保障,提供专门的办公和研究场所,为研究机构和团队的工作提供良好的环境和条件。通过提供必要的支持和保障,学校可以确保历史研究机构和团队的有效运作,为文字史料的应用和研究提供坚实的基础。

二、教师层面

教师是文字史料应用的直接实施者,通过以下几个方面的策略实施,能够将文字史料融入课堂,使学生在学习过程中接触更多的原始资料和真实的历史背景(见图 2-10)。

图 2-10 教师层面策略实施

(一)提高教师的历史素养

教师的历史素养是指通过知识的传授,使学生的历史知识和思维能力,在分析、归纳、总结历史知识的过程中表现出来的综合特质。[1]在历史教学中,教师只有具备深厚的历史知识和素养,才能准确理解和恰当地应用文字史料,并将其转化为有效的教学资源。教师通过阅读经典

---

[1] 张野.文字史料在初中历史教学中的运用研究[D].锦州:渤海大学,2020.

的历史著作和学术论文,能够掌握历史研究的方法和技巧,提升对历史事件的分析和理解能力。教师还需重视多媒体资源的利用,互联网提供了丰富的历史资料和研究工具,通过数字化历史档案、在线数据库和电子书籍等资源,可以获取和整理历史信息。通过系统的历史学习和反思,教师的历史知识体系得以完善,促进了科学、全面的历史观的形成。

教师的历史素养不仅体现在知识积累上,还体现在教师所具备的历史研究和探索能力上。结合教学实际进行学术研究,撰写历史教学论文和案例,能够帮助教师深入理解教学内容,提高历史教学的学术水平。阅读经典历史著作,如《史记》《汉书》等,能够丰富教师的知识储备,提升对历史事件和人物的深刻理解。教师还要多参与历史考察活动,直观地感受历史事件和文化背景,增强对历史的感性认识。

(二)提高教师的教学能力

教师需要根据课程大纲精心选择适合的文字史料,制订详细的教学计划,明确每节课的教学目标和重点,通过有针对性的文字史料解析,引导学生逐步深入理解历史事件和历史背景。教学计划应包括如文献阅读、史料分析等具体的文字史料使用环节和方法,确保教学内容的系统性和连贯性。课堂教学上,教师要引导学生进行史料分析训练,可以选择具有代表性的文字史料,指导学生进行阅读和分析,教会他们从文字史料中提取关键信息和理解历史背景的方法,培养学生的思维能力和独立分析能力。

教师要定期反思自己的教学实践,总结在文字史料应用中的经验和不足,通过教学日志、学生反馈等方式持续优化教学策略,不断提高教学质量。参与教育研究项目也是提高教师教学能力的有效手段。教师通过研究和撰写教学论文,能够深入探讨文字史料在历史教学中的应用策略,提高自身的学术水平和教学能力,不断探索新的教学方法和策略,使文字史料的应用更加科学和有效。

（三）设计丰富多样的教学活动

丰富多样的教学活动能够充分调动学生的学习积极性和主动性，使他们在生动有趣的学习过程中，深入理解和掌握历史知识。教师在文字史料的应用中要善于利用丰富多样的教学活动，通过历史角色扮演、模拟法庭等具体活动，培养学生的历史思维和表达能力。角色扮演活动中学生通过阅读和研究文字史料来扮演历史人物，重现历史场景，直观和生动地感受历史，提高学习效果。这种活动不仅能够激发学生的学习兴趣，还可以使他们在角色扮演中更好地理解历史事件的背景和细节。辩论赛和模拟法庭活动中学生需要通过阅读和分析文字史料，进行观点的论证和反驳，从而培养他们的历史思维和表达能力。在辩论赛中，教师可以设置历史事件的不同观点和立场，让学生通过查阅文字史料，准备论据和辩词，进行辩论。通过这种方式，学生不仅可以提高对历史事件的理解，还可以锻炼他们的逻辑思维和表达能力。

（四）善用多媒体技术进行教学

多媒体技术能够丰富教学手段，将文字史料转化为直观的视觉和听觉体验，从而提高教学效果。教师在文字史料应用中通过制作历史事件的短片、动画等，将文字史料中的历史事件生动再现，让学生在观看视频的过程中，加深对历史知识的理解和记忆。教师可以通过这种方式提高课堂的生动性和趣味性，吸引学生的注意力，增强他们的学习兴趣。通过电子白板展示文字史料，并通过互动投影让学生进行标注、批注和讨论。这种方式能够使学生可以更加主动地参与学习过程，提高学习的积极性和参与度。例如，人教版《中国历史》七年级上册《沟通中外文明的"丝绸之路"》利用某教学软件的蒙层功能，设计"张骞人生轨迹"表格学习张骞两次出使西域的基础知识。教师要发挥该教学软件的课堂活动功能，利用地图，了解路线，让学生上台将地理名称对应到地图上，更容易记住路线，提高学生的学习积极性。

通过远程教学和在线学习平台，教师可以将文字史料上传到网络上，让学生随时随地进行学习和讨论。教师通过在线学习平台发布文字史料的阅读任务和讨论话题，让学生在网上进行阅读和讨论。这种方式打破了时间和空间的限制，提供更加灵活和便捷的学习方式，提高教学效果。虚拟现实（VR）和增强现实（AR）技术为文字史料教学提供了更多的可能。借助虚拟现实和增强现实技术，教师能够将文字史料中的历史场景和事件虚拟再现，让学生通过佩戴 VR 眼镜或使用 AR 设备，沉浸式体验历史事件，更加直观和生动地感受历史，提高学习效果。

三、学生层面

学生是历史教学中的主体，文字史料的有效应用对学生的历史理解和学术能力提高至关重要。学生需要掌握识别史料的来源、理解其背景、提取关键信息和理解作者的意图等解读与分析史料的方法，反复阅读和分析经典历史文献。学生在阅读过程中要学会标注和记录，提炼出史料中的核心信息，并能在讨论中表达自己的见解，逐步提高分析能力，培养独立思考和逻辑推理能力。学生对历史的兴趣直接影响他们学习的积极性和主动性。学生要多参加历史探秘活动、参观博物馆和历史遗址、参与历史剧表演等活动，直观地接触历史，感受其魅力和意义，激发好奇心和探究欲望，增强对文字史料的探索欲望。

历史文献往往文字艰深、内容丰富，学生需要具备较强的阅读理解能力才能有效解读这些史料。学生要养成定期阅读历史书籍、做好读书笔记、标注重点和疑点，并进行定期总结和反思等良好的阅读习惯。通过不断阅读实践，学生的阅读速度和理解能力获得进一步提高，能够更好地利用文字史料，增强他们的自主学习能力和知识积累。学生还可以通过撰写史料分析报告、历史小论文、人物传记等多样化的写作任务，学会运用和分析史料，形成自己的观点，更深入地了解历史事件和人物，培养严谨的学术态度，培养思维能力和独立判断能力。

第三章 历史教学中图片史料的应用

第一节 图片史料概述

图片史料作为一种直观且生动的历史资料，在历史教学中具有独特的优势和作用。图片史料不仅记录了历史事件的真实场景，还反映了当时的社会风貌和文化背景。它是历史教师在课堂上有效传递历史知识的重要工具，通过图片史料，学生可以更直观地了解历史事件的背景和过程，感受历史人物的风貌和情感，增强对历史知识的理解和记忆。

一、图片史料的概念

史学界对图片史料的概念有不同的理解。朱煜认为，图片史料就是将实物等不能变为文字的材料，用图片形式反映的史料。诸如金石、甲骨文、竹木简之类的文物照片，历史地图，想象图，数据图表等均属图片史料。[1]韩亚洲将图片史料定义为以照片、图片、绘画等形式呈现出来

---

[1] 朱煜.论史料教学[J].中学历史教学参考,1999(1):33-35.

的静态的历史资料。① 王洁则认为，图片史料更多的是一种静止的史料，并不存在动态画面中展现的任何图像。② 何健认为，图片史料是指将实物等不能变为文字的材料，用图片形式反映的史料。③

图片史料是初中历史教学的重要工具，能够直观、生动地再现历史情景，通过视觉效果帮助学生更好地记忆和理解历史知识。图片史料不仅包括记录过去的图像，还包括那些能够反映和解释历史背景和文化的视觉材料，它们通过图像的形式记录了丰富的历史信息，这些信息可以是事件的现场记录、人物的真实形象，也可以是某一历史时期社会生活和文化的视觉再现。图片史料能够帮助人们更好地了解历史，是丰富历史研究的重要手段和方法。教师在历史教学中运用图片史料能够有效增强学生的历史感知和理解能力，激发他们对历史学习的兴趣。

二、图片史料的主要类型

图片史料没有统一的类型划分标准和方法，从不同的角度可以分为不同的类型。一般来说，图片资料的类型是依据图片史料的性质、图片史料的内容、图片史料的存在形式等进行划分的。依据图片史料的性质，可以将其分为原始性图片和再造性图片；依据图片史料的内容，可以将其分为政治经济图、社会生活图、科学技术图、人物图、艺术品图和地图；依据图片史料的存在形式，可以将其分为古代图片史料和近现代图片史料。综合以上分类方法并结合历史教学的实际情况，可以将图片资料分为以下几种类型（见图3-1）。

---

① 韩亚洲. 试分析如何在高中历史教学中运用不同的图像史料 [J]. 读与写（教育教学刊），2017, 14（7）：103.

② 王洁. 图像史料在历史教学中的运用：基于近三年徐汇区公开课的研究 [D]. 上海：上海师范大学，2014.

③ 何健. 中学历史史料教学研究与实践 [D]. 福州：福建师范大学，2003.

第三章　历史教学中图片史料的应用

图 3-1　图片史料的主要类型

（一）历史照片

历史照片能够通过定格的人或事物，以生动形象的形式将历史事件、人物和场景直观地呈现在学生面前。历史图片不仅能够记录历史事件，还能够通过视觉冲击力，帮助学生更好地理解和记忆历史知识。通过摄影技术，历史照片能够将历史的某一瞬间真实地记录下来，拉近现实与历史的距离。历史照片蕴含丰富的历史信息，是历史教学的重要补充。在历史教学过程中，教师要善于利用历史照片对历史事件进行细致的解读，让学生通过观察历史照片，感受当时的氛围，了解事件的背景和发展过程。历史照片还能够捕捉历史人物的形象和神态，通过观察历史照片，学生可以更清晰地了解历史人物的外貌特征及他们在历史中的重要性，并从中提取更多的历史信息。

（二）历史地图

历史地图是记录和展示历史时期地理环境和人文活动的重要史料，其通过绘制特定时期的地理信息，反映了当时的政治、经济、文化和社会状况。历史地图不仅具有地理学意义，还具有重要的历史学价值。

通过历史地图，学生可以清晰地看到不同历史时期的疆域变化、交通路线、城市分布等信息。历史地图如战争地图、贸易路线图等展示了重大历史事件的发生地和发展路线,能够帮助学生更好地了解历史事件的空间背景和影响。

在历史教学中使用历史地图时,教师应注重对历史地图的解读和分析,帮助学生全面了解历史地图中蕴含的历史信息。教师要通过对历史地图的详细讲解,使学生学会从地理角度分析历史事件,理解历史发展中的地理因素,培养学生的空间思维能力和综合分析能力,使其在学习历史的过程中,全面、立体地了解历史现象。

(三)历史绘画

历史绘画以历史事件、人物和场景为题材,艺术家通过创作,将历史的风貌和情景生动形象地展现出来。历史绘画具有高度的艺术性和社会价值,它赋予了历史人物、历史事件生动的形象和情感,使学生能够更深刻地感受历史的氛围和内涵。历史绘画不仅记录了历史事件的外在形象,还通过艺术家的创造性表现,揭示了事件的深层意义和精神内涵。教师将历史绘画应用于历史教学,需要对素材进行谨慎选择和详细讲解,确保学生正确理解历史绘画中的历史信息,帮助学生更好地理解和记忆历史知识。历史绘画作品通常会通过细腻的笔触和丰富的色彩描绘历史人物的外貌、服饰及所处环境,这些细节有助于学生更好地理解历史人物的形象和性格特点。在讲解过程中,教师要善于引导学生观察和分析画面的细节。通过观察和分析这些绘画,学生能够更全面地掌握历史人物的生活背景和行为动机,充分激发想象力和创造力,在学习历史的过程中,能够从不同的视角和维度,深入理解历史现象。

三、图片史料的特点

图片史料作为一种特殊的历史资料,在历史教学中具有独特的优势。它的主要特点表现为直观性、形象性、实证性、丰富性等(见图 3-2)。

第三章　历史教学中图片史料的应用

图 3-2　图片史料的特点

（一）直观性

图片相较于文字更为直观，图片史料能够将抽象的历史概念、历史事件具体化，以更为形象、具体的形式呈现出来，对学生的视觉造成冲击，使他们增强对历史的感性认识，促进学生快速、直接地理解和掌握历史知识。历史教学中图片史料的直观性使其能够迅速吸引学生的注意力。例如，战斗场景类的图片史料，能够通过真实的画面让学生感受到战争的残酷和紧张氛围，通过直观的视觉体验，学生能够获取丰富的历史信息，深刻理解历史事件的背景和过程，体会历史事件对人类社会产生的巨大影响。图片史料能够充分、细致地呈现历史细节，传递出更多的历史信息，其对历史事件发生的具体场景、人物的表情和动作、事件的周边环境等能够进行真实的展示。通过对这类细节的观察，学生对历史事件有了更加具体和真实的认知，加深了他们对历史知识的理解和记忆，延伸了他们对历史的清晰认识，对他们思维能力的提高和历史观的形成都有非常大的帮助。

（二）形象性

图片史料十分形象，其通过具体、生动的方式展示历史内容，使抽象的历史知识变得具体、可感，这种形象性的特点能够让学生将历史知

·067·

识与具体的图像联系起来，促进他们对历史的理解和记忆。历史绘画或照片等图片史料对历史人物的外貌、服饰、表情和动作等方面都有细致的呈现，这种形象性的展示有助于学生理解历史人物的性格特点和行为动机。一些图片史料对古代社会的生活场景进行了形象再现，反映出了当时建筑、服饰、工具等日常生活的各种信息，这些具体的图像能够帮助学生了解古代社会的生活方式和文化特征，从而使他们更好地理解古代农业经济和社会结构。

形象性的图片史料具有较强的趣味性，容易吸引学生的注意力，激发他们的学习兴趣，使他们更愿意投入历史学习。教师在历史教学中一定要善用图片史料，利用图片史料的具体形象以及其具有亲和力的特点拉近与学生之间的距离，充分调动学生的积极性，营造轻松愉快的历史课堂氛围。

（三）实证性

实证性特点主要是指图片史料作为历史的真实记录，能够为历史教学提供第一手的历史信息，具有高度的真实性和可信度。图片史料不仅记录了某一时刻的历史现象，而且能够为学生提供一种直接的视觉经验，帮助他们理解过去的文化、知识和集体感受。这种实证性特点使图片史料在验证和补充文字史料方面具有重要作用。

实证性使图片史料能够为学生提供真实、可靠的历史信息。通过展示历史照片，学生可以看到历史事件的真实场景和细节，这些真实的画面能够帮助学生形成对历史事件的具体认知，增强他们对历史学习的兴趣和信心。需要注意的是，历史照片和历史绘画往往包含作者的主观意图，可能是为了突出某一特定事件或者遵循某一传统风格而创作。因此，教师在历史教学中对图片史料的考证显得尤为必要，以避免陷入"图片的陷阱"，即误将带有偏见或特定目的的图片解读为完全客观的历史证据。随着互联网的普及，图片史料的搜集更加便捷，图片可能被出于不同目的裁剪或修改,因此,教师对于搜集到的图片史料的真实性进行辨析变得尤为重要,这不仅有助于提高历史教学的质量,也是对历史真实性的一种尊重。

(四)丰富性

图片史料种类繁多,形式多样,内容丰富多彩,能够从不同角度和层次展示历史内容,为学生提供丰富的历史信息。丰富的图片史料能够满足不同教学内容和目标的需要:历史照片能够展示历史事件的真实场景,历史绘画能够再现历史人物和场景,历史地图能够展示不同历史时期的地理状况和疆域变化。这些丰富多样的图片史料,为教师提供了大量的教学资源,拓展了历史教学的手段和方法。不同历史时期和地域的图片史料能帮助学生了解不同历史阶段的变化和发展,以及不同地域的历史和文化特征。这种丰富性不仅扩展了学生的历史知识,也加强了他们对不同文化的理解和尊重。教师可以根据教学内容和目标,选择和使用历史照片、历史地图、历史绘画等不同类型和形式的图片史料进行教学,提高教学效果,增强学生的学习兴趣,提高他们的参与度。

四、图片史料应用的原则

图片史料的应用要遵循一定的原则,只有这样,才能够有效发展学生思维,培养学生的学科能力(见图3-3)。

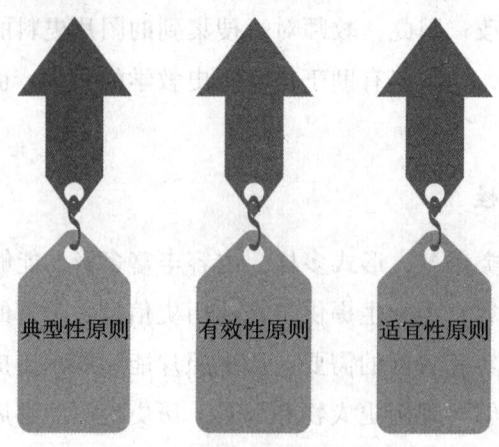

图 3-3　图片史料应用的原则

（一）典型性原则

图片史料的应用需要遵循典型性原则。也就是说，应用于历史课堂教学的图片要具有一定的典型性和代表性，必须贴合教学内容的需要，充分调动学生的主动性和积极性，促进课堂教学效果的有效提升。教师在对不同时期的同一历史事件或历史现象进行阐述时，要从大量的图片史料中选取每个时期具有代表性的图片史料，形成时间上的纵向对比。例如，在讲授我国古代农具的发展历史时，教师需要搜集商周、三国、南北朝、隋唐等不同时期的农具图片史料，再从中选取每个时期具有代表性的图片史料。每个时期具有代表性的图片史料能够展现此时期生产力的发展水平，通过对比不同时期的典型农具史料，学生能够直观地感受到农业生产工具的进步，进而理解生产力的发展过程和历史的进步过程。

（二）有效性原则

图片史料的有效性原则指的是教师所选择的图片史料要能够服务于课堂教学，促进教学效果的提升。在应用图片史料时，教师需要弄清楚历史知识与图片史料之间的联系，找到合适的切入点，使所用图片能加深学生对历史知识的理解，能够有效激发学生的思维。要确保图片史料的有效性，教师就需要从图片史料的鉴别、解析、反馈等多个环节进行层层把关。对图片史料的鉴别能够保证其真实性和可靠性；对图片史料的解析有利于构建历史知识与图片史料的紧密联系，促进学生对历史知识的深入理解；对图片史料应用的反馈能够对其有效性进行进一步把握。对教学效果不太理想、对学生理解知识帮助不大的图片史料要及时更换。只有处理好每一个环节的工作，对图片史料进行层层把关，才能保证其有效性的发挥，取得明显的教学效果。

（三）适宜性原则

所谓适宜性原则，就是教师在应用图片史料的过程中要适时和适度。适时指的是对图片史料的应用要把握好时机，在合适的时间引入。图片史料引入的时机不同，带来的效果也不相同。在新课导入中引入，能够吸引学生的注意力，成功引出下文；教学过程中的引入通常是为了对某一历史概念或历史事件进行解释，帮助学生加深对历史的理解和认识；课后总结的引入，能实现课堂内容的深化，对课堂教学内容起到画龙点睛的作用，帮助学生厘清思路，使他们对历史形成清晰的认知。因此，教师在课堂教学中要根据实际需要引入图片史料，引入过早，容易造成学生注意力的分散；引入过晚，可能起不到应用的效果。适度强调的是教师在应用图片史料时一定要把握好度，切忌过犹不及。历史课堂教学要以教师围绕教材历史知识的传授作为主线，图片史料起到的只是辅助作用，不能喧宾夺主，不能一味地追求图片史料的呈现而忽视教师的讲授，也不能用图片史料取代文字史料、实物史料等。

第二节 图片史料的教育价值

通过对历史图片的观察、分析和讨论，学生可以切身感受到历史的丰富性和复杂性，从而在理解和应对现实世界的问题时，展现出更高的思维能力和情感智慧。图片史料在激发学生的学习兴趣、培养学生的学科素养、构建活力课堂和渗透德育美育等方面具有教育价值（见图3-4）。

图 3-4　图片史料的教育价值

一、激发学生的学习兴趣

教师需要尽可能搜集丰富的史料，充分激发学生对历史学科的学习兴趣。如果课堂教学没有史料的补充，或搜集到的史料不能引起学生的兴趣和求知欲，学生就会觉得索然无味，慢慢失去对历史学科的兴趣。图片史料具有直观形象、趣味性强的特点，能够直接作用于视觉感官，更容易引起学生的注意，使学生产生兴趣。历史照片、历史绘画、历史地图等图片史料能够激发学生的想象力，使学生通过史料中的历史场景、历史人物、历史事件，产生学习动力和学习历史的兴趣，增强他们的历史认同感。

面对一张陌生的历史图片，学生往往会产生许多疑问：这是什么时候的照片？发生了什么事件？图中人物是谁？这些问题能够激发学生的探索欲，促使他们去寻找答案，从而主动学习更多的历史知识。教师要有效利用学生的这种好奇心，设计相关的研究活动，引导学生进行小组讨论、信息搜索和报告制作，使历史学习过程变得更加鲜活。

二、培养学生的学科素养

图片史料的使用有效增加了课堂的趣味性和直观性，是培养学生历史学科素养的重要工具。教师通过对不同种类的历史图片进行深入分析，可以培养学生多方面的历史学科素养（见图3-5）。

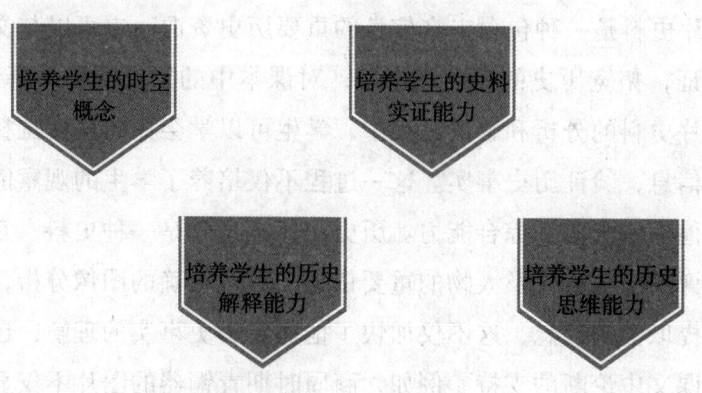

图3-5 培养学生的学科素养

（一）培养学生的时空概念

历史不可能重演，但是图片史料可以培养学生对历史时空的概念，特别是历史朝代图、大事年表类、历史地图等图片史料，能够将历史事件的发展、历史朝代的更迭清晰呈现出来，有利于学生时空概念的培养。

一系列按时间顺序排列的关于某一重大事件的图片,可以帮助学生了解事件的前因后果和发展过程。通过观察这些图片,学生不仅能学到具体的历史事实,还能感受到历史发展的连续性和阶段性。

地图是较为直接的空间史料,它能帮助学生准确地定位事件发生的地理位置,使学生理解不同地理环境对历史事件的影响。城市的老照片或战场的画作等能让学生对事件发生的环境有一个直观的感受,他们会通过比较不同时间点的同一地点的照片,观察到这一地点随时间变化的社会经济水平,理解历史事件发生的具体背景。培养学生的时空概念不仅仅是教会他们如何使用日历和地图,更重要的是教师要通过图片史料的应用,引导学生理解时空背景对历史人物决策和历史事件发展的影响。

(二)培养学生的史料实证能力

图片史料是一种包含丰富信息的重要历史资源,它可以与文本史料相互验证,拓宽历史的深度和广度,对课本中的知识提供解释和补充。在对图片史料的分析和解读过程中,学生可以学会如何从视觉材料中提取有效信息,验证历史事实。这一过程不仅培养了学生的观察能力,还锻炼了他们的分析和综合能力。历史图片本身就是一种史料,它能作为研究和评价历史事件及人物的重要依据。通过精确的图像分析,学生可以从中提取关键信息,这不仅加快了他们对历史事实的理解,还强化了他们对课文中论断的支持。例如,商周时期青铜器的图片不仅显示了其艺术价值,还证明了当时青铜铸造技术的先进性。同样,唐宋时期的青白瓷器图片展示了那一时期制瓷业的繁荣,并反映出当时社会经济和文化的发展水平。图片史料的实证分析需要学生具备一定的历史知识背景和思维能力。在使用图片史料对具体的历史事件进行研究时,学生需要对图片中的人物、场景和物品进行详细观察,并结合历史文献,将图片史料与其他类型的史料进行比对和验证。这种多角度的分析方法有助于学生全面、客观地理解历史事实,避免片面性和主观臆断。

赵恒烈曾提到:由图像中散发出来的浓郁的生活气息,虽然不如遗物和遗迹真实,但总可以弥补历史思维和历史客观之间的裂痕。[①]通过对图片史料的分析,学生能够学会验证信息,学会在接受任何历史叙述之前进行独立思考。他们需要评估图片所展示的场景是否为选择性呈现,是否有意忽略某些信息以及这些因素如何影响人们对历史的了解。在实证分析中,学生还要对不同来源的图片史料进行比较,更好地了解不同视角和叙述如何塑造同一历史事件,这不仅提高了他们对单个图片的分析能力,也提升了他们对历史事件多元复杂性的理解。

(三)培养学生的历史解释能力

历史解释能力是指学生能够基于史料,对历史事件和现象进行合理的解释和阐述。图片史料能够对历史知识进行解释,帮助学生理解文字类史料内容。图片史料的多样性和直观性使历史解释变得更加具体和生动。通过对一幅描绘古代集市的图片进行分析,学生可以从中提取出当时的经济活动、社会关系和文化生活等方面的信息。结合其他史料和背景知识,学生可以对这一历史场景进行全面的解释,揭示其中蕴含的历史意义。

在解释历史的过程中,学生需要学会将图片史料与其他类型的史料相结合,进行综合分析。在研究某一历史事件时,学生可以将图片史料与文字记载、口述史料等进行对比分析,从而得出更为全面和深刻的历史解释。这种多维度的史料分析方法,有助于培养学生的综合思维能力和创新能力。

(四)培养学生的历史思维能力

历史思维是一种能够连接过去与现在,理解历史事件如何影响今天

[①] 赵恒烈.历史图像与历史思维[J].历史教学,1993(6):34-37.

的关键能力。图片史料,尤其是那些描绘重大历史事件或日常生活场景的图片,为学生提供了一个直观的窗口,通过这个窗口,学生可以观察和分析历史。这种观察不仅仅是看图,更重要的是理解图中所描绘的内容与广泛历史背景之间的联系。在历史教育中,学生需要通过分析历史图片评估图片的来源,探讨图像的创作背景和目的。

三、构建活力课堂

在传统历史教学中,教师主要通过文字和口述的方式进行授课。然而,由于历史学科本身涉及的是过去的事件和人物,要求教师的教学方法应具有高度的直观性,以便更有效地将历史呈现给学生。在这种背景下,图片史料成为教学中一种不可或缺的资源。通过合理地运用这些视觉材料,教师可以极大地激活课堂氛围,使教学过程变得更加生动。利用图片史料,教师能够打破传统的"满堂灌"教学模式,转而采用一种更为双向的教学策略。在课堂上,学生不再是被动接受知识的对象,而是能够主动参与历史探究。教师可以通过展示历史图片引导学生分析并讨论图片内容,探讨图片背后的历史背景、事件的发展进程或人物的历史影响。这种方法不仅促进了师生间的互动,还增强了学生对历史的兴趣,加强了他们对历史的了解。

在现代教育技术日益发达的今天,利用多媒体技术展示图片史料已成为一种常见且有效的教学手段。动画、视频和交互式展示等形式使静态的历史图片变得生动而富有表现力。例如,教师可以向学生展示一张关于工业革命的老照片,通过动画方式展示机器的工作过程,或者通过模拟场景重现当时的社会状况。这种动态的展示方式不仅能加深学生对历史事件的印象,还使他们对历史学习更有兴趣。

中学生通常具有较为活跃的思维和广泛的兴趣,但他们在处理复杂的历史论证和思维能力方面还不够成熟,教师运用图片史料进行教学正好符合这一阶段学生的学习特点。图片史料简化了历史的复杂性，使学生能够通过直观的图像快速把握历史的主要内容和精髓。此外，这种教学方式还能够帮助学生在享受视觉美感的同时，逐步建立起对历史事件深层次的认识和理解。

四、渗透德育美育

在历史教学中，图片史料不仅是知识传递的媒介，还深刻地承载了德育和美育的教学目标。这些目标通过教师精心选取的视觉材料得以实现，使学生在学习历史的过程中也能够接受道德教育和审美培养（见图3-6）。

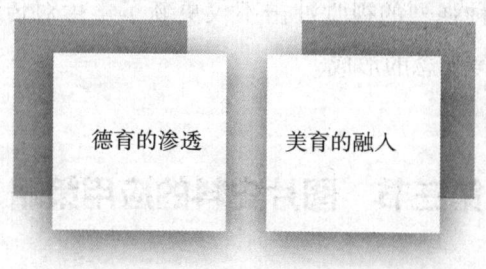

图 3-6　渗透德育美育

（一）德育的渗透

历史教学不仅是关于过去的讲述，更是对学生价值观的塑造过程。通过使用图片史料进行教学，教师能够有效地传达道德教育，使学生树立正确的世界观、人生观和价值观。图片史料作为历史教学中一个强有力的工具，能够帮助学生在感性认识的基础上，参与问题情境，使他们更加深刻地理解和内化道德和伦理的教育内容。例如，在讲述"虎门销烟"的历史事件时，教师可以利用反映林则徐事迹的历史图片以及相关的影视材料，生动地展现林则徐坚定的爱国情操和英雄气概。这种图片史料的使用不仅再现了历史人物的形象,更以其艺术的震撼力和情感的传递深化了学生对于爱国主义精神的理解。通过这样的教学方式,学生不仅能学习历史事实,更能在无形中形成积极的道德品质和行为典范。

(二)美育的融入

图片史料的使用极大地丰富了课堂的教学资源,为教师提供了审美教育的素材。图片史料以其独特的艺术表现力,引导学生建立起了正确的审美观念,提升了他们的人文素养。教师在以"中国近现代社会生活的变迁"为教学内容时,通过展示人们在不同时期的生活场景图片,不仅能使学生看到历史的变迁,还能使他们感受到时代美学的演变。图片史料会对学生的视觉和情感产生强烈影响,引发他们对传统与现代美学标准的思考。这种强烈的视觉冲击不仅更新了学生对传统美的认识,也促进了他们健康美观念的形成。

第三节 图片史料的应用策略

图片史料以其直观、生动的特性在历史教学中发挥着重要作用,它不仅能将抽象的历史概念具体化,使学生更容易理解复杂的历史事件和背景,还能通过生动的画面激发学生的兴趣和好奇心,丰富学生的学习体验。教师需要采取科学、合理的应用策略,充分发挥图片史料的教育价值。以下几种应用策略能够帮助教师更有效地利用图片史料进行教学(见图3-7)。

第三章 历史教学中图片史料的应用

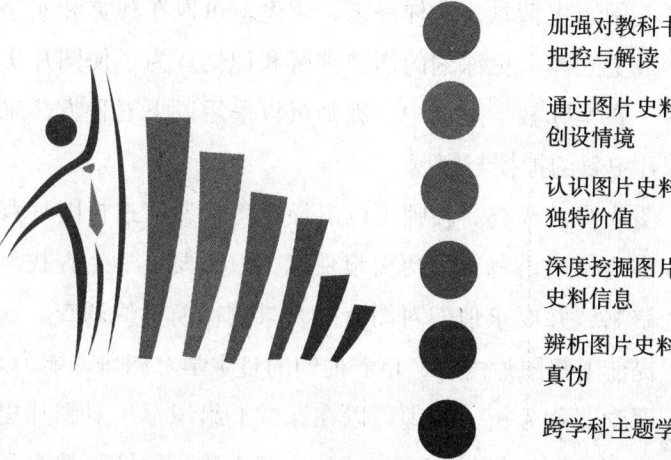

图 3-7 图片史料的应用策略

一、加强对教科书的把控与解读

教科书是历史教学的重要载体，包含大量的图片史料。教师要在新课程标准指导下加强对教科书中图片史料的把控与解读，明确教学工作的计划和安排，帮助学生更好地理解和掌握历史知识，全面提升学生的历史素养。

图片史料不仅是历史事件的视觉再现，它们背后还蕴含着丰富的历史信息，有着深厚的文化背景。教师有必要对教科书中的图片史料进行仔细研究，了解其拍摄背景、内容和历史意义。教师只有对教科书内容达到了如指掌、烂熟于胸的地步，明白教科书文字内容与图片史料，以及图片史料之间的联系，才能够在课堂教学中详细讲解，帮助学生准确解读图片内容，避免他们对图片史料产生误解。在教材的解读过程中，教师需要对其内容进行仔细探究，将文本内容与图片史料有机结合起来，使两者相辅相成、相互印证，加深学生对历史事件和历史人物的理解。图片史料不仅能让学生更好地理解文本内容中的描述，还能让他们看到文字背后真实的历史情景，这样一来，学生就可以在视觉和文字的双重刺激下，形成更立体、更深刻的历史理解和记忆。为了使图片史料的解读更加有效，在实际教学过程中，教师可以采用以下五种方法来加强对教科书中图片史料的把控与解读。

其一，图片背景调查。教师可以引导学生在课前进行图片背景的调查和研究。在为学生讲解某一历史事件时，教师要让学生查找与该事件相关的图片资料，并要求他们对图片的背景进行简单的调查。这种方式能够让学生提前了解图片内容，培养他们的自主学习和研究能力。

其二，课堂图片分析。教师可以在课堂上组织学生对图片史料进行详细的分析和讨论，引导学生观察图片中的人物、服饰、建筑和其他细节，分析这些内容所反映的社会背景和历史信息，促进学生全面地了解历史事件和社会文化。

其三，图片与文字的对比学习。教师可以将图片史料与教科书中的文字内容进行对比，引导学生通过对比学习，发现和总结历史知识，使他们更加深入地了解历史人物和事件。

其四，角色扮演与情景再现。教师可以设计与图片史料相关的角色扮演和情景再现活动，使学生身临其境地体验历史，增强他们的历史理解和记忆，使他们更好地了解历史事件。

其五，开展图片史料的创作活动。在课堂上讲述了某一历史事件后，教师要鼓励学生根据历史事件的图片史料进行绘画、写作、话剧表演等相关创作，加深他们对历史事件的理解和记忆，培养其创造力和表达能力。通过以上方法，教师可以有效加强对教科书中图片史料的把控与解读，帮助学生更好地理解和掌握历史知识。这不仅有助于提高学生的历史素养，还有助于培养他们的观察能力、分析能力和综合思维能力，为他们的全面发展奠定坚实的基础。

二、通过图片史料创设情境

图片史料能够起到记录某个或某些历史细节的特殊作用。[①]传统的历史教学方法往往以文字叙述为主,学生容易感到枯燥乏味。图片史料能够充分展示历史情景,将静态的文字描述转化为生动的视觉体验,增强学生的感官刺激。教师通过利用图片史料创设情境能够激发学生的学习兴趣,提高他们的参与度,使他们在真实的历史情境中进行学习和探讨,增强对历史事件和人物的理解,更好地理解和记忆历史知识,从而在潜移默化中接受历史情感和价值观的教育,培养自己的历史思维能力和综合素养。

历史事件往往具有时间跨度长、信息量大、复杂性高的特点,学生在学习过程中容易出现理解困难和记忆混乱的情况。通过图片史料创设情境将历史事件中的关键环节和重要细节直观地呈现出来,使图片史料中的视觉信息与文字描述形成互补,使学生在多感官的刺激下更容易记住历史知识,更清晰地了解历史发展的脉络。在这一过程中,学生不仅能够看到历史事件的表象,还能够通过历史图片创设的情境对其中的细节进行观察和分析,深入挖掘事件背后的历史意义和原因。通过图片史料创设情境有助于培养学生的观察能力、分析能力和综合思维能力,使他们能够从多角度、多层次了解历史事件。在教学过程中,教师要组织学生分组讨论和分析图片史料,通过小组合作,让学生讨论每张图片中所反映的历史信息,并进行汇报和交流,帮助学生从历史图片中提取和分析历史信息,增强学生之间的互动和交流,培养他们的团队合作精神和表达能力。

教师进行历史教学不仅要传授知识,还要培养学生的历史情感和正确的价值观。教师通过图片史料展示历史事件中的人物和场景,能够使

---

① 陈琳.图像证史之证解[J].东南学术,2013(2):231-236.

学生更直观地感受到历史人物的情感和经历,从而产生情感共鸣,增强他们的历史责任感和使命感。

三、认识图片史料的独特价值

历史图片相对于一两则文字史料来说,往往包含的内容更丰富,更容易留给人视觉上和情感上的余味,也具有启发性。[①] 图片史料作为一种直观、生动的材料,具有独特的价值。文字叙述虽然能够详细描述历史事件和人物,但往往难以生动、直观地再现历史情境;而图片史料通过视觉呈现历史信息,使学生能够直观地感受到历史事件和人物的真实面貌。这种直观性和生动性,能够增强学生对历史知识的兴趣和记忆。

文字叙述受到篇幅的限制,往往难以全面呈现历史事件的细节和背景,图片史料恰好能够弥补这一缺点。直观的画面能够为学生展示历史的大量细节和背景信息。这些丰富的历史细节和背景信息,有助于学生形成对历史事件的全面、深入的了解。历史事件往往具有多面性和复杂性,不同角度和层次的史料可以为学生提供不同的历史信息和视角。图片史料通过多角度、多层次的展示,可以帮助学生全面、立体地了解历史事件,使学生从不同角度观察和分析历史事件的原因、经过和结果,形成更加全面和深刻的历史理解。教师要引导学生通过对图片中的细节进行观察和分析,发现隐藏在图片背后的历史信息和意义,激发他们的探究欲望和创新思维,培养学生的观察能力、分析能力和综合思维能力。

历史地图是图片史料的重要组成部分。教师要引导学生通过识读历史地图探究相关历史事件。识读历史地图要了解地图的名称,它是地图的主题,也是地图的灵魂。历史地图一般都配有图例,识读历史地图的第一步就是观察图例,认识图例所包含的历史信息,并用其来指导读图。在识读的基础上,学生还可以结合地图与相关的历史知识,认真思

[①] 王芳芳.核心素养下历史图片在初中历史课堂中的应用[D].延安:延安大学,2020.

考，进一步推导出一些结论，如发现"新大陆"的是哥伦布，实现环球航行的是麦哲伦等。同时，为做好初高中的衔接，教师还可以进一步引导学生思考很多历史问题。例如，为什么这些航海家大都从欧洲的葡萄牙、西班牙出发？他们的目的是什么？他们的行动会给这些国家甚至当时的世界带来怎样的影响？在解答这些历史问题的同时，学生对历史知识的掌握也达到了一定的高度。

四、深度挖掘图片史料信息

在当前的历史教学实践中，深度挖掘图片史料信息不仅是提高学生历史学习能力的有效途径，也是推动教师与学生共同成长的重要方法。下面本书从教师和学生两者角度出发，探讨如何有效地开展对图片史料信息的深度挖掘（见图3-8）。

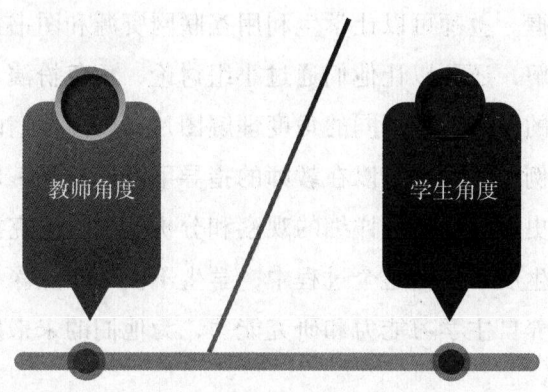

图3-8 深度挖掘图片史料信息

（一）教师角度

教师在使用历史图片作为教学资源时，要积极利用外部的权威资源来加深自身对图片内涵的理解，包括咨询历史研究专家、查阅历史专著和学术文章以及参与教研组的研讨会。通过这些途径，教师能够获取更深入的背景知识，更准确地解读图片史料所表达的历史信息和情感。为了使图片史料的教学更加有效，教师应当充分利用教科书的图文解读、历史教师用书等图文辅助材料，这些材料通常记录了关于图片史料的详细背景信息和学术解读，有助于教师在课堂上提供更准确和更丰富的历史解释。教师还需要深入研究课程标准和教科书，理解其中的隐含意义，并将这些标准与历史图片相结合，更好地把握教学的主题思想，确保图片史料的使用与教学目标和学生的学习需求紧密相连。

（二）学生角度

学生要学习如何对待和分析历史图片，包括如何观察图片中的各个细节、如何理解图片背后的历史背景以及如何将图片中的信息与自己已有的历史知识相联系。由于课堂教学时间有限，教师要鼓励学生在课外积极进行自主学习，使他们通过课外阅读和研究，进一步深化对图片史料的理解和掌握。教师可以让学生利用互联网资源和图书馆资料加深对图片史料的理解，还可以让他们通过小组讨论、角色扮演、历史场景重建等互动活动的开展，从不同的角度理解图片，增强他们的历史想象力和思维能力。例如，学生可以在教师的指导下，选择某一历史主题，收集相关的图片史料，并进行详细的观察和分析，撰写研究报告或制作多媒体作业向学生展示。在这个过程中，学生不仅可以加深对历史知识的理解，还能培养自主学习能力和研究能力，为他们的未来发展打下坚实的基础。

深度挖掘图片史料信息是一项系统的工作，需要教师的专业引导和学生的主动参与。通过教师的精心准备和学生的积极探索，图片史料能够成为连接过去与现在、理论与实践的桥梁，有效地提高历史教学的质量和深度。

五、辨析图片史料的真伪

历史既指过去发生的事情,又指对过去发生的事情的复原和解释。因此,历史是一门解释的科学。解释历史离不开史料,而史料的运用离不开鉴别。[①]教师在应用图片史料的过程中一定要对其进行仔细鉴别,判断其真伪。辨析图片史料的真伪可以从两个方面入手(见图3-9)。

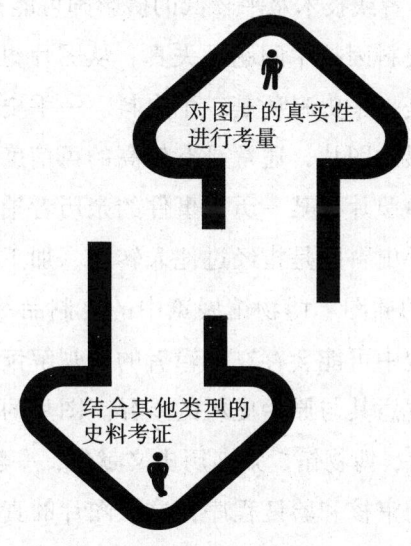

图3-9 辨析图片史料的真伪

(一)对图片的真实性进行考量

历史图片作为一种视觉记录,能够为人们提供大量的细节信息,然而,这些信息的真实性却并不总是可靠的。教师需要从多个维度对图片史料中信息的真实性进行全面、系统的考量。

从图片史料的作者入手,了解作者是在何时何地以何种方式创作了

---

① 何成刚,彭禹,夏辉辉,等.智慧课堂:史料教学中的方法与策略[M].北京:北京师范大学出版社,2010:246.

这一图片史料，通过了解作者的创作背景和创作动机，人们可以更好地理解图片背后的意图、可能存在的偏见和误导信息。一些历史图片可能出于政治宣传或商业利益等目的而拍摄，这类图片往往具有较强的主观性和选择性，未必能真实反映历史事件的全貌。作者的技术水平和图片的真实性也对学生准确分析史料信息有一定的影响。专业摄影师和记者通常具备较高的拍摄技巧和较为专业的设备，其作品的质量和可信度也相对较高；而业余作者或技术水平较低的摄影师可能在技术上存在缺陷，甚至可能导致图片史料因技术问题而失真。从图片史料的来源入手，需要弄清楚图片史料是一手史料还是二手史料。一手史料是指由事件亲历者或目击者直接拍摄的图片，通常具有较高的可信度和直接性。战地记者在前线拍摄的战争照片、某一历史事件的亲历者拍摄的现场图片等都属于一手史料。二手史料则是指经过他人转述、加工或整理后形成的图片，如历史书籍中的插图、博物馆展览中的复制品等都属于二手史料。二手史料在传递过程中可能会存在编辑者的主观解读或艺术加工，教师在教学时需要特别注意其与原始史料的差异。图片的来源也是重要的考证标准，官方档案馆、博物馆、知名历史文献集，一般会对图片的收集、保存和发布有严格的审核和验证程序，这类图片的真实性和可靠性都有一定的保证，具有较高的可信度。从图片史料的内容入手，考查其一致性，分析图片中所呈现的人物、事件和环境是否在逻辑上和事实上一致，是判断其真实性的关键。对图片中人物的服饰、表情、姿态，环境的布置和光线的运用等细节进行观察和逻辑分析，能够帮助发现图片中的问题和疑点，从而进一步验证其真实性。

（二）结合其他类型的史料考证

历史研究讲究"孤证不立"，对图片史料的真伪辨析是一个复杂的过程，单凭一张图片往往难以确认历史事件的真实性，需要将图片史料与其他类型的史料进行对比和综合分析，以形成更为准确的历史判断。

图片史料作为一种直观的记录形式，常常是实物史料的视觉再现，因此，将图片史料与实物史料进行互证是辨别其真伪的重要途径。

教师与学生要查阅正史、地方志等传统史书以及报纸、杂志、日记、信件等现代文献，通过相关文字内容了解图片的拍摄时间、地点、事件经过等方面的详细信息和背景，仔细寻找图片中记载的文字内容和反映出的相关信息，并与图片中的信息进行比较，验证图片中人物、事件和环境的真实性。口述记录往往包含大量的细节和个人见解，能够弥补文字记载的不足。通过将口述历史与图片史料进行对比，教师与学生可以发现图片中的细节是否与实际情况相符，从而判断图片的真实性。文物、遗址、建筑等实物史料通常具有明确的年代和文化背景，通过科学手段，教师与学生可以确定其真伪和年代。图片中的物品如果与实物史料的特征相符，则可以增强图片史料的真实性和可信度。

现代科技手段为图片史料的互证提供了更多可能。数字化图像处理技术可以对历史图片进行细致的分析，发现可能的伪造痕迹；图像识别技术可以在海量数据库中查找相似图片，验证图片的来源；虚拟现实技术可以将历史图片与三维模型结合，形成生动的历史再现，帮助研究者更直观地理解图片中的历史情境。这些技术手段不仅提高了人们对图片史料的分析精度，还拓宽了人们的历史研究视野。

六、跨学科主题学习

跨学科主题学习是指教师通过图片史料将历史与其他学科知识联系起来，帮助学生建立更加全面的知识体系。跨学科主题学习能够丰富历史教学的内容，提高学生的综合素养和创新能力。

教师将历史与地理学科相结合，分析图片史料中的地理要素，能够使学生更好地理解历史事件的背景和发展过程。通过观察历史地图，学生能够直观地看到不同历史时期的地理格局变化，了解地理环境对历史事件的影响，这使学生在学习历史的同时，掌握了重要的地理知识。

历史还可以与文学相结合。许多历史事件和人物在文学作品中都有描绘，通过分析相关的历史绘画和历史照片，学生能够更深刻地了解文学作品中的历史背景和文化内涵，在文学阅读中获得更加真实和生动的体验。文学与历史的融合能够丰富历史教学的内容，对学生文学素养和审美能力的提高也有很大帮助。

历史与艺术相结合也是跨学科主题学习的一个重要方向。历史绘画作为一种重要的图片史料，具有高度的艺术性，通过分析和欣赏历史绘画，学生能够了解历史事件和人物，体会作者在艺术创作中的情感和思想。历史与艺术的结合能够激发学生对历史和艺术学习的兴趣，还能够培养他们的艺术鉴赏能力和创造力。

第四章 历史教学中影像史料的应用

第一节 影像史料概述

一、影像史料的概念

影像史料的概念需要追溯至其理论来源——影像史学。影像史学作为一门研究学科，始于19世纪末对视觉材料作为历史研究对象的认可与利用。在约一个世纪后的1988年，美国历史学家海登·怀特（Hayden White）在其发表的文章《书写史学与影视史学》中引入了"影像史学"（historiophoty）这一概念。20世纪90年代，国内学者也开始关注并引入了这一概念。蒋保将具有想象性、虚构性的历史影视排除出了"historiophoty"的范畴。[1] 王镇富将影像史学的研究范畴确定到近代有摄影技术之后，并认为作为阐释历史的一种文献方式的影像史料只能是依据历史的、现实的事件所拍摄的影像。[2] 吴琼认为，影像史学既包括物质

---

[1] 蒋保. 关于"影视史学"的若干问题：与周樑楷先生商榷[J]. 社会科学评论，2004（2）：48-52.
[2] 王镇富. 影像史学研究[D]. 济南. 山东大学，2011.

文化遗产的影像化过程和成果，又包括以视听为主要传播方式的历史文化产品。①这些学者的讨论与实践为历史研究提供了新的视角和方法。影像史料已逐渐与传统的文本史料并驾齐驱。

影像史料作为图像史料与影视史料的结合体，借助现代化传媒技术，以图像和影视手段对历史人物、历史事件进行客观、真实记录，是具有真实性质的各种生动的资料。作为一种生动、直观的历史记录方式，以影像史料来呈现历史能够形成视觉和听觉的双重感官刺激，使历史教学变得更加生动、具体和富有感染力。影像史料的应用不仅能够丰富教学内容，还能够增强学生的学习兴趣，培养他们的历史思维和分析能力。影像史料不仅仅局限于它的物理形态，更有重要的历史价值和教育意义。影像史料记录了特定历史事件的现场、人物的活动和社会的变迁，具有较高的真实性和保存价值。与文字史料相比，影像史料能够更直接、形象地再现历史事件的情境和细节，使学生在学习历史时能够通过视觉和听觉更加真实地体验和理解历史。

二、影像史料的特点

影像史料作为一种重要的历史资料类型，其特点包括直观性、真实性、便捷性等（见图4-1）。

图4-1　影像史料的特点

---

① 吴琼.影像史学研究的基本问题探析[J].史学理论与史学史学刊，2014，12（0）：17-27.

（一）直观性

影视史料具有直观性的特点，通过生动的画面和声音展示历史事件和人物，能够使学生更加直观地理解和感受历史，提高对历史的学习兴趣，增强对历史知识的记忆和理解。影像史料通过动态画面展示历史事件的发展过程，这种动态性能够使学生更好地了解历史的进程。例如，在观看纪录片时，学生可以看到历史事件的起因、经过和结果，整个过程如同一部生动的历史电影。这种动态展示比静态的文字和图片更加生动，可以使学生在视觉上更容易了解历史事件的复杂性和多样性。影像史料对历史事件中人物的表情、服饰、行为和环境等微观细节都进行了细致呈现，能够帮助学生深入了解历史实践的背景和内涵。影像史料不仅有画面，还包含环境音、人物对话和背景音乐等多种声音，能够增强影像资料的真实感，使学生仿佛置身历史现场。

影像史料通过视觉和听觉的结合为学生提供了多感官的学习体验。传统的文字和图片资料主要依赖视觉传递信息，而影像资料结合了视觉和听觉，能够使学生从多种感官渠道获取信息，提高学生的学习效果，使他们对历史知识的理解更加全面和深刻。影像资料中的画面和声音能够直接触动学生的情感，使他们更容易融入历史情境，产生强烈的情感共鸣，这种情感共鸣有助于增强学生的学习兴趣，使他们在情感上更加理解和认同历史事件和人物。

（二）真实性

影像史料作为史料的一个重要组成部分，具备史料真实性的基本特征。影像史料是对历史事件的直接记录，没有经过后期的修改和加工，其通过对人物外在特征、周围环境等各种细节的呈现，能够真实再现历史过程，加深学生对历史的真实感受。影视史学所追求的艺术真实性与书写史学所追求的历史真实性，在揭示与认识世界的本质及其真实性的问题上,是相一致的。①许多影像资料是在历史事件发生时或不久后拍摄的,具有较强的时效性,能够及时、准确地反映当时的历史情况,帮助学生真实地了解历史事件的发展过程。

(三)便捷性

随着科技的进步和互联网的发展,信息化教学在中小学得到了普及,这使影像资料的获取、存取、使用等更为便捷,成为一种高效的教学资源。教师在备课授课时,可以通过在线教育平台、视频网站和数字图书馆等方便快捷地找到与课程相关的影像资料,以此来丰富课堂教学内容,拓宽教学资源的获取渠道。在课堂教学中,教师可以根据教学需要,灵活选用影像资料进行讲解和演示。影像资料的播放和暂停功能,使教师可以随时控制教学节奏,针对重点内容进行详细的讲解和讨论;重复播放功能使学生可以反复观看,强化记忆和理解。这种使用的便捷性能够提高教师的教学效果和学生的学习兴趣。

现代数字技术的发展,使影像资料可以通过电子设备进行存储和管理。相比传统的纸质资料和实物资料,影像资料占用的物理空间更小,而且可以被方便地分类、归档和检索。教师可以将影像资料存储在计算机、U盘、云盘等电子设备中,随时调取使用,提高教学的效率和效果。影像资料使用方面的便捷灵活,使其不仅能够成为教师教学的辅助工具,还能够帮助学生开展自主学习。学生可以灵活支配自己的学习时间,在课后随时随地观看影像史料,对老师课堂讲解的内容进行复习和拓展学习,进一步巩固学习成果,提高自主学习的能力。

三、影像史料的分类

影像史料根据不同的分类标准可以划分为多种类别,主要按照存在

---

① 张广智.影视史学:历史学的新领域[J].学习与探索,1996(6):116-122.

第四章 历史教学中影像史料的应用

样态、内容主题、可靠程度等不同标准来划分（见图 4-2）。通过不同类别的影像史料，教师可以根据教学目标和学生的需求，灵活选择和应用适合的影像资料，丰富课堂教学内容，提高教学质量和效果。

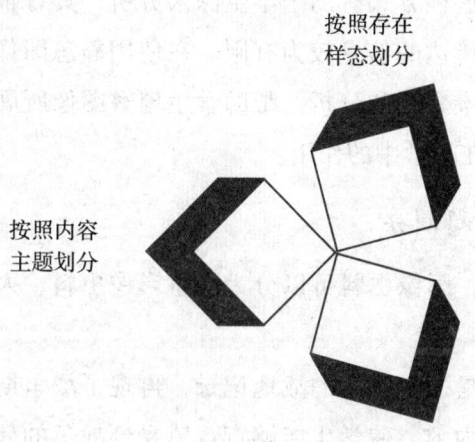

图 4-2 影像史料的分类

（一）按照存在样态划分

按照存在样态划分，影像史料可以分为动态影像史料和静态影像史料两大类。

动态影响史料是指利用现代媒体设备记录下来的以动态方式表现出来的史料，主要包括录像、纪录片、纪实性影视作品等。动态影像史料能够以其生动的表现形式，通过连续的画面和声音，快速吸引学生的注意力，并激发他们的学习兴趣。这类史料能够为学生提供一个直观的历史事件体验，使学生全面理解历史事件的发展过程和背景。需要注意的是，动态影像的连续播放可能会导致学生的注意力分散，他们可能会被画面的动态效果吸引，无法专心深入学习和思考历史内容。因此，合理使用和频率适度是利用动态影像史料的关键。

静态影像史料是指以静态方式呈现的影像史料，主要包括各种历史照片、插图、地图等静态图片。静态图像通过定格的画面来记录历史事件的某个瞬间,它本身不具备动态影像史料那样的连续叙事能力,在教学中的使用通常需要教师的额外解释和引导。静态图像往往只固定捕捉历史的某一瞬间,虽然这种方式有助于学生深入分析,具有很强的视觉冲击力和纪实性,但它传达的信息较为有限。在使用静态图像时,教师通常需要配合详细的背景介绍和分析,帮助学生理解图像所展示的历史情境,从而充分发挥其在教学中的作用。

(二)按照内容主题划分

按照内容主题划分,影像史料可以分为战争影像史料、人物影像史料、事件影像史料。

战争影像史料指的是通过真实的战地记录,再现了战争期间的战斗场面,以及战后重建等内容,使学生能够直观感受到战争的残酷性和复杂性,培养他们对战争的反思和对和平的珍视。战争影像具有重要的教育意义,通过观看战争影像史料中的战争场面,学生能够更深刻地理解战争的影响,培养家国情怀素养。

人物影像史料指的是通过对历史人物进行影像记录,以个人为主体研究该人物的历史价值,或以此人物的经历映射当时历史所处的时代背景,从侧面探究历史发展历程。[1]人物影像史料能够立体生动地对历史人物进行详细展示,帮助学生深入了解历史人物的个性特征、思想观念和行为动机,使他们更好地了解历史人物在历史发展中的作用和影响。积极正面的历史人物影像能够激起学生的崇敬之情,使学生在学习历史的过程中受到启发,以历史人物为榜样树立正确的人生观和价值观。

事件影像史料指的是主体是事件本身而非个人,使用影像记录手段记录的一切历史中发生的重大事件的影像史料。[2]事件影像记录了重大历

---

[1] 杨子健.影像史料在初中历史教学中的应用[D].锦州:渤海大学,2020.
[2] 杨子健.影像史料在初中历史教学中的应用[D].锦州:渤海大学,2020.

史事件如改革、灾难等的发生、发展和结果,对事件的全过程进行了记录,使学生能够了解历史事件的始末和影响,增强他们的历史思维能力和分析能力。

(三)按照可靠程度划分

按照可靠程度划分,可以将影像史料分为第一手影像史料、第二手影像史料和艺术再现影像史料。

第一手影像史料是指实时录制的录音、录像和照片等直接记录历史事件的影像,这类史料因其真实性和直接性,通常被认为是可靠的历史证据。在历史教学中,第一手影像史料记录了历史的真实情况和细节,能够迅速引发学生的情感共鸣和历史想象。然而,由于技术和保存条件的限制,尤其是在早期历史阶段,这类史料的数量和质量可能有限,清晰度不足,这为历史教师的史料选择和使用带来了挑战。

第二手影像史料是指由非亲历者根据第一手资料或其他历史资料再创作的影像史料。这类影像史料在创作过程中可能会加入创作者的观点和解读,具有一定的主观性和艺术性。许多历史纪录片和专题片都是历史学者在查阅大量第一手影像史料的基础上创作的。这些第二手影像史料对历史事件进行了详细的解读和分析,通过艺术手法增强了视觉效果和叙事性。虽然它们可能带有创作者一定的主观色彩,但教师通过利用第二手影像史料对历史事件进行多角度展示,能够帮助学生理解历史事件的复杂性和多样性。教师在教学中使用这些第二手影像史料,可以培养学生的历史思维能力,使他们能够从多个角度分析和理解历史事件,形成全面、客观的历史观。

艺术再现影像史料是指通过电影、电视剧等艺术形式再现的历史影像资料,其在再现历史事件和人物时,会存在一定的艺术加工,以此来增强故事的戏剧性和观赏性。虽然艺术再现影像史料可能不完全真实,但其生动的表现形式能够激发学生的学习兴趣,帮助他们更好地理解历史,通过这些影像资料,学生可以更生动地感受历史的氛围和情境,增强历史感知力。许多历史题材的电影和电视剧都会通过艺术手法再现历史事件和人物。这些艺术再现影像史料虽然在一定程度上进行了艺术加工,但通过细腻的表现手法和生动的叙事,使历史事件和人物形象更加具体和感人。在教学中,教师使用这些影像资料可以吸引学生的注意力,激发他们的学习兴趣,通过影视作品中的历史再现,使学生更加直观和生动地了解历史事件的背景和人物的行为动机。

第二节　影像史料的应用意义

影像史料的应用可以在历史教学中为学生提供直观的历史信息,以独特的视角和表现形式丰富教学内容和形式。影像史料在初中历史教学中的应用意义具体表现在以下几个方面(见图4-3)。

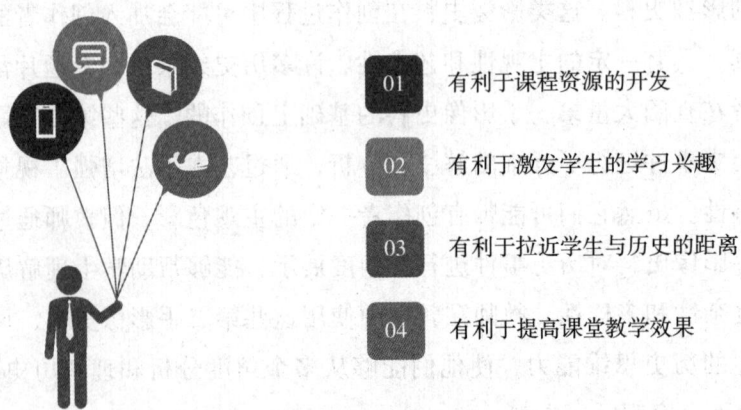

图 4-3　影像史料的应用意义

一、有利于课程资源的开发

历史教科书内容丰富、涉及广泛,为初中历史教学提供了基本的框架和知识点,但是在实际教学中,教师过度依赖教科书往往会导致课程内容的重复讲述和学生的机械记忆,这种情况会让历史课显得枯燥乏味。随着历史课程资源的不断优化,校内课程资源、校外课程资源和信息化课程资源不断丰富,这三种资源互为补充,促进了历史教学的发展。视频、电影等影像资源与这三种课程资源有着千丝万缕的联系。影像史料能够还原历史事件的真实面貌,增强学生学习的真实感和代入感,还丰富了教师的教学手段,帮助教师打破传统的教学模式,创设更具吸引力的教学情境。

影像史料资源通过动态的画面和真实的音效,将静态的文字描述转化为鲜活的历史情景,增强了学生的感知和理解,使学生对历史事件产生了更直观的认识。影像资源包括纪录片、电影、视频、新闻等多种类型,多样化的丰富资源为历史教学活动的开展提供了更多的选择,教师可以结合历史教学目标和实际教学需要,选择合适的影像史料来补充和扩展教材内容。利用影像史料进行历史教学可以极大地扩展教师在课程设计中的选择范围,增加教学内容的深度和宽度。这不仅能够帮助教师从不同角度解析历史事件,也能够使学生在更加动态和互动的环境中学习历史,激发他们的好奇心和求知欲,使他们的历史学习变得更加有趣和有效。因此,历史教师在进行教学设计时应重视影像史料的选择和应用,通过精心挑选和有效整合这些资源,极大地提高课堂教学的质量和学生的学习体验。只要恰当地选用这些史料,就能够有效地补充传统的文字资源,为历史教学开辟新的可能性。

随着信息技术的发展,影像史料的共享有效提高了教学的利用率。通过运用网络平台,教师大大节省了时间和精力,能够快速找到自己所需要的影像资料。教师可以将自己收集和整理的影像资源上传到资源共享平台,供学生学习,为其他教师提供教学参考和借鉴,形成良好的资源共享和交流机制。学生还能够通过网络平台开展自主学习,观看相关的影像资料,进一步了解与历史事件的有关知识,促进对历史事件的理解和认识。

二、有利于激发学生的学习兴趣

影像史料相比单纯的文字讲解更具有吸引力,它能够通过视觉和听觉,对历史事件和历史人物进行生动呈现,使学生产生强烈的情感共鸣,激发学生的学习兴趣。

历史课堂教学一节课需要持续 45 分钟,对于自控力比较差的学生来说,若是课堂教学内容没有足够的吸引力,很难集中注意力听完整节课,这样会直接影响课堂教学的效果。"教育的直观性原则,从广义来说,要求人的所有感觉器官——视觉、听觉、触觉等都参与掌握学习信息……要求所有的东西,只要可能,都要通过感觉来接受。"[1]影像史料能够突破传统文字教学局限于书本和教师的讲解的缺点,通过动态的画面和逼真的音效将历史事件形象地呈现出来,使学生能够更直观地感受到历史的真实,通过多重感官刺激提升其注意力。"学生眼见形美、耳听音美、求知生动,获知愉快,学习兴趣被充分地激发起来,从而进入良好的学习状态之中。"[2]

历史事件复杂多变,涉及大量的人物、时间和地点,学生在学习过程中容易感到困惑和枯燥。而影像史料通过直观展示,将这些抽象的历史知识具象化,帮助学生理解和记忆。例如,在讲解长征历史时,教师通过播放关于长征的纪录片,能够使学生更直观地感受到长征的艰辛和红军的顽强精神,加深对这一历史事件的理解。影像史料还包含丰富的信息和细节,学生在观看过程中会产生许多问题,教师可以引导学生带着问题观看影像,激发他们的探究欲望。在观看某些历史影片时,学生可能会对影片中的历史细节产生疑问,这种疑问促使他们进一步思考和

---

[1] 巴班斯基.教学教育过程最优化[M].吴文侃,译.北京:教育科学出版社,2001:17.
[2] 叶永广.历史·影视·教育[M].上海:学林出版社,2004:11.

研究历史事件的背景和影响，从而培养他们的思维能力。

影像史料在历史教学中的应用，不仅丰富了教学内容，还为学生提供了多样的学习方式。学生可以通过观看影像资料，进一步理解和记忆历史事件，并在此过程中培养自主学习的能力。影像资料的生动性和直观性，使学生能够更容易地理解和记忆历史知识，提高他们的学习效率。教师要鼓励学生在课外自主观看历史纪录片、历史电影等影像史料，提倡他们撰写观后感或进行讨论分享，增强他们的学习主动性和参与度，提高他们的表达能力和思辨能力。

三、有利于拉近学生与历史的距离

历史与现实之间有着几十年、几百年乃至几千年的时间跨度，这种距离是历史教学中无法避免的客观存在。特别是在历史教学中，如何使历史既能够保持神秘，又能够拉近学生与历史的距离，产生对历史的亲近感，成为教学的关键点。历史的神秘性虽然赋予了历史教学一种独特的魅力，但也增加了教学的难度，学生没有亲身经历过去的时代，他们通常难以仅通过文字来全面理解历史事件和人物。历史教学的目标就是帮助学生从对历史事件的直观感受过渡到对历史概念的深刻理解，这一过程依赖他们对历史表象的感性认识。教师如何在教学中缩短历史与学生之间的时空距离，成为提高教学效果的关键。影像史料作为历史的一种生动"再现"，在这方面具有独特的优势。它通过视觉和听觉，将历史事件的情境、人物的语言和时代的氛围直接呈现给学生，学生可以更真切地感受历史事件和人物，增强对历史的感性认知和情感共鸣，建立历史与现实的联系，增强历史意识和社会责任感。

通过观看真实的历史影像资料，学生能够更直观地感受到历史事件的真实性，更好地了解历史的背景和过程，增强他们的历史感知。影像史料的声画结合使历史事件和人物更加生动形象，增强了学生的情感共鸣，学生在观看影像资料时，能够通过声音和画面的双重刺激，更好地体验历史的情感。

教师在设计课程时应积极融入影像史料，使历史教学不只是停留在知识传授层面，而是成为一种引导学生深入理解和感受历史的桥梁。通过这种方法，历史课可以变得更加生动和有效，真正帮助学生建立起对历史的深刻感知和理解，增强他们的综合素质和能力，促进他们的全面发展。

四、有利于提高课堂教学效果

历史教学的主要目标不仅是传授学生历史知识，更重要的是激发他们对历史学习的积极性和持续兴趣，将其培养成为具有正确历史观和责任感的公民。为实现这一教学目标，教师需要致力创造一个既富有科学性又富有趣味性的课堂环境，与学生积极互动，使教学与乐趣相辅相成，提升历史教学的效果。一个引人入胜的历史课堂不仅可以减轻学生的学习压力，还能增进师生间的互动与理解，促进历史教学活动的有效开展。影像史料在提升历史课堂教学效果方面具有独特的优势，它通过动态和静态的形式，使难以用言语表达的历史场景和事件直观化，为学生提供了身临其境的学习体验。这种直观的体验能极大地激发学生对历史的兴趣和探索欲，是提高历史课堂教学效果的关键策略。

与传统的文字和语言相比，影像能够更直观、更高效地传达信息。面对许多历史事件和概念，教师可能需要花费长时间讲解，学生也需要耗费大量时间阅读和理解。而通过简短的影像展示，学生可以迅速并准确地把握历史教学的核心内容。许多基于历史事实制作的幽默漫画、图片和短视频，不仅富有教育意义，也具有很高的娱乐价值，这种寓教于乐的方法是其他教学资源难以比拟的。通过观看影像资料，学生不仅能够轻松地接受知识，还能够在互动中主动思考和探讨历史事件的意义和影响，提高他们的自主学习能力和思维能力。当学生发现自己熟悉的影像在课堂上被教师引用时，不仅会增加他们对课堂内容的兴趣，认真听讲，还会因为与老师共享这种文化体验而感到亲近，形成积极互动。这种基于共同兴趣的师生关系能够显著提升学生的学习动力，并形成一个更加和谐、互动的教学环境。

影像史料的多样化应用可以打破传统教学的单一模式，促进教学方法的多样化和创新。教师可以结合影像资料，设计多种教学活动，如角色扮演、情景模拟、小组讨论等，使学生在参与过程中获得更多的实践体验和思考机会，促进他们更好地理解历史知识，培养他们的合作能力和沟通能力。通过有效利用影像史料，历史教师不仅能够提高教学的趣味性和效率，还能够加深学生的历史理解，激发他们对学习历史的热情，从而极大地促进教学目标的实现。这种教学策略的运用，无疑将使历史课堂变得更加生动和受欢迎，有利于进一步激发学生的学习兴趣和历史探索的热情。

第三节　影像史料的应用策略

影像史料通过视觉和听觉的双重刺激，将历史事件、人物和情境生动地展现在学生面前，使抽象的历史知识变得具体、形象，增强了历史教学的感染力和吸引力。要使影像史料在教学中发挥最大的作用，需要通过科学的应用策略来实施。

一、影像史料的获取、甄别与加工

影像史料在历史教学中的应用需要教师掌握一定方法，寻找可靠来源的影像史料并仔细甄别、加工，筛选出真正有利于历史课堂教学的影像史料，充分发挥其教育价值和功能。

(一)影像史料的获取

教师可以采用多种方式来获取影像史料。互联网是获取这类资料直接的途径之一。教师通过访问大英博物馆、故宫博物院、中国国家博物馆、中国国家图书馆、国家智慧教育公共服务平台、终身教育平台、全历史等专业教育资源类和历史研究机构的网站(见表4-1),搜集历史照片、纪录片、电影片段、虚拟展览等高质量的影像史料资源,能够有效辅助历史教学。这些网站所提供的资源均经过了专业整理和审核,能够确保其权威性和可靠性,并且这些网站通常会提供详细的分类和检索功能,便于教师根据教学需要快速找到所需的影像资料。在实际教学中,教师可以结合课本内容,选取合适的影像资料,增强教学的直观性和生动性,提高学生的学习兴趣和理解能力,为学生提供更加丰富和多样的历史学习体验。

表4-1 搜集影像史料的常用网站及网址

序号	网站名称	网址	简介
1	大英博物馆	www.britishmuseum.org	世界著名的博物馆,收藏了大量历史文物和影像资料,提供虚拟展览和高清影像资料
2	故宫博物院	www.dpm.org.cn	拥有丰富的中国历史文物和影像资料,提供高清图片、虚拟展览和视频资料
3	中国国家博物馆	www.chnmuseum.cn	展示中国历史文化的重要场所,提供展览视频、历史照片和虚拟展览
4	中国国家图书馆	www.nlc.cn	中国最大的图书馆,收藏了大量珍贵的历史影像资料,包括古籍善本、历史照片和影音资料

续 表

序号	网站名称	网址	简介
5	国家智慧教育公共服务平台	www.smartedu.cn	提供丰富的教育资源,包括历史教学所需的影像资料,辅助课堂教学
6	终身教育平台	le.ouchn.cn/home	致力为终身学习者提供多样化的教育资源,包括历史影像资料
7	全历史	www.allhistory.com	专业的历史教育资源平台,具有大量历史影像资料和互动内容

(二)影像史料的甄别

历史的真实性与艺术的真实性可以融汇涵化而变得亲和起来,但这并不意味着历史与虚构、想象之间已毫无区别。① 历史教师在挑选和甄别影像史料时,需要警惕将艺术化或虚构的视频误认为可靠的历史史料。教师要区分还原影像史料与虚构影像史料。还原影像史料主要通过现代多媒体技术模拟和再现历史事实,强调的是历史的真实性。然而,即便是以历史为背景的电视剧也可能由于创作者的历史知识限制而含有错误。例如,某些历史剧可能因编剧和导演的个人理解而呈现出与史实不符的内容。虚构影像史料,如电影和电视剧通常源于小说,更多地注重娱乐而非教育。这类资料虽然具有高度的观赏性,却常常忽视了历史的准确性。在教学前,教师应仔细筛选这些资料,只选用那些符合历史真实的部分。

在甄别影像资料的适用性时,教师需要考虑多个因素。影像资料的内容应与教学主题密切相关,能够有效辅助教学目标的实现。教师要选择那些能够直观展示历史事件、历史人物和历史背景的影像资料,避免

---

① 张广智.重现历史:再谈影视史学[J].学术研究,2000(8):84-90.

选择与教学内容无关或关系不大的资料。教师选择的影像资料的形式也要符合中学生的认知水平和接受能力，尽量选择那些内容简洁、表达清晰、具有教育意义的影像资料，确保学生能够理解和接受所学内容。历史教学是一门要求严谨和准确的学科，它旨在传授真实的历史知识，而非用作艺术鉴赏。因此，教师在使用影像史料时一定要进行细致的甄别，确保所用材料既真实又有教育价值。

（三）影像史料的加工

收集完相关影像史料后，教师可以利用视频编辑软件对史料进行编辑、加工，剪辑出史料的核心部分并进行整合，缩短课堂上使用这些材料的时间并增强教学效果。

教师可以根据教学内容和目标对影像资料进行剪辑，去掉不必要的部分，保留核心内容，使其更加符合教学的需要，提高学生的注意力和理解力；可以为影像资料添加注释、字幕或旁白，为学生提供必要的背景信息和解释说明，帮助学生更好地理解影像内容。不同来源的影像资料经过整合后，可以被制作成教学视频或多媒体课件，为学生提供全面的历史知识。

二、把握好影像史料的应用时机

在影像史料的应用中，恰当的时机能够有效激发学生的学习兴趣，增强历史教学的效果。具体来说，教师要做好以下两个方面的工作（见图4-4）。

图4-4 把握好影像史料的应用时机

（一）深入了解学生情况

在影像史料的应用中，教师要对学生的基本情况进行深入了解，结合实际情况有针对性地对影像史料的应用进行调整，确保其能够最大限度地激发学生的学习兴趣，促进整个教学流程。

中学生的认识水平和历史知识的储备较为有限，教师要根据学生的年龄认知特点和知识水平，选择难度适中的影像资料，避免给学生带来过大的认知负担。对于比较难理解的复杂历史事件的影像史料，教师要加以讲解，帮助学生理解这一历史事件。教师还要通过课堂观察、调查问卷、课后谈话等方式，了解学生的兴趣特点，如有的学生可能对战争史方面的影像史料比较感兴趣，有的学生可能对古代文明方面的影像史料情有独钟。教师只有全面了解学生的兴趣特点，结合学生的兴趣来选择合适的影像资料，才能提升学生的积极性和参与度，提升学生的学习体验和历史教学的质量。

（二）应用时机的选择

应用影像史料的时机选择需要根据教学的具体环节来决定。教师可以在以下几个环节中应用影像史料。第一，课堂导入环节。这一阶段应用的影像史料要简短并具有冲击力，能够迅速吸引学生的注意力，引发他们对即将学习内容的兴趣，使他们迅速进入历史情境。第二，知识讲解环节。教师在知识讲解环节适时插入影像史料，能够使抽象的历史概念变得具体、生动，使学生更好地理解复杂的历史事件及其发展背景，提高学习效率和效果。第三，总结环节。教师在课程总结阶段播放的影像史料要简明扼要，能够帮助学生重温课堂知识内容，树立和巩固知识点，加深学生的记忆和理解。第四，复习和考试准备环节。教师可以在这一阶段播放涵盖多个知识点的综合性史料，帮助学生回忆和巩固所学内容，为考试做好准备。

三、做好影像史料应用过程中的引导工作

在影像史料的应用过程中,教师要从观看前、观看中和观看后三个阶段进行细致的引导,确保影像资料能够有效地服务于教学目标,提高学生的理解力,增强他们的学习效果(见图4-5)。

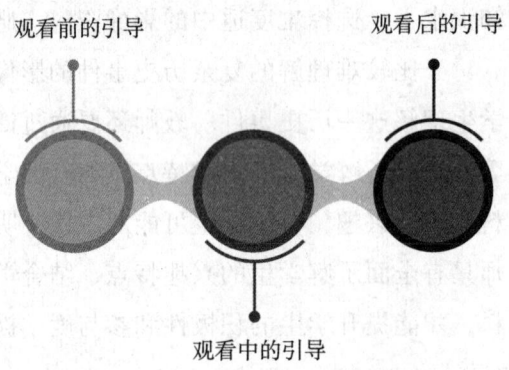

图4-5 做好影像史料应用过程中的引导工作

(一)观看前的引导

在播放影像史料前,教师要结合课程内容来制定具体的学习目标,明确告知学生观看影像史料的目的和重点。这样做有助于学生带着问题观看影像史料,集中注意力,有针对性地关注关键内容,增强学习的主动性和有效性。教师还要对影像史料的来源、拍摄背景、主要内容等进行简要介绍,对影像史料中涉及的重要历史事件和人物进行简要介绍,帮助学生建立对影像史料的基本认知和初步了解,使他们抓住重点内容,在观看时能够迅速进入状态。

(二)观看中的引导

在影像史料播放过程中,对于需要重点关注的历史事件的发生背景、重要人物的言行举止等细节和关键内容,教师要通过提问、强调重要信

息等方式来提醒学生，避免学生注意力不集中，错过重要信息。在播放过程中，教师可以结合教学的实际需要适时暂停，询问学生对历史事件的理解和看法或对相关知识点的理解和看法，促进学生对相关问题的思考，帮助他们全面深入理解影像内容。

（三）观看后的引导

在影像史料播放结束后，教师要组织学生围绕影像资料中的关键问题展开讨论，如"你认为这段影像史料中最重要的历史事件是什么？为什么？""这些历史事件对当时的社会产生了怎样的影响？"通过讨论，学生能够在互相交流中加深对影像内容的理解，并从不同的视角看待历史事件和人物，培养他们的表达能力和思维能力。教师还要对影像内容进行总结和归纳，对影像史料中的关键内容和重要历史事件进行重点强调，并将其与教材中的相关知识点联系起来，帮助学生建立系统的历史认知。

四、影像史料的应用实践

教师在历史课堂上除了讲授课堂内容和历史知识，还要培养学生的历史学科核心素养，而影视史料作为历史课堂教学的辅助工具，其具体应用实践也应该围绕培养学生的历史学科素养来进行（见图4-6）。

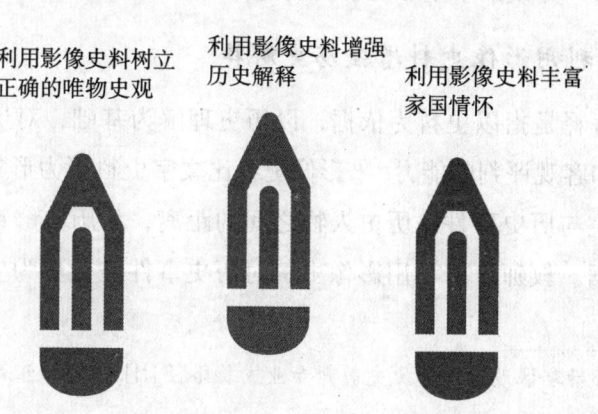

图4-6　影像史料的应用实践

（一）利用影像史料树立正确的唯物史观

影像史料通过提供直观的历史场景帮助学生将抽象的历史知识与具体的时代背景联系起来，它强调历史发展的客观规律和社会进步的必然性。教师在教学过程中通过影像史料展示历史事件和历史进程的真实面貌，有助于学生理解历史的科学性和规律性，培养他们的全球视角和历史洞察力。在历史教学中，教师应利用影像史料加强对唯物史观的解释和实践，使学生能够通过观察和分析历史事件的影像表现，洞察其背后的社会、经济和政治动因。

以部编版历史教科书《中国历史》七年级下册《隋的统一与灭亡》为例，教师可以通过详细讲解及利用影像史料来帮助学生树立正确的唯物史观。在探讨隋朝科举制度的课程中，教师可以使用多种影像史料来加深学生对科举制度的理解。例如，教师通过播放有关科举的动态影像史料，可以让学生直观地看到科举考试的过程及社会影响。影像中展示的科举制能够让有才能的平民参与政事，扩大了选官范围，不仅改变了社会结构，也促进了社会的长期稳定与发展。通过这样的影像史料，学生可以观察到科举制如何加强皇帝的权力，以及如何为平民提供了向上流动的机会。

教师在使用这些影像史料时要注重引导学生从影像中提炼信息，进行深入分析，并鼓励学生在理解历史的同时形成正确的唯物史观。

（二）利用影像史料增强历史解释

历史解释是指以史料为依据，以历史理解为基础，对历史事物进行理性分析和客观评判的能力。[1]影像史料比文字史料更为形象、生动，能够拉近学生与历史事件、历史人物之间的距离，为历史解释提供丰富的素材和证据。教师可以利用影像史料对历史事件进行更为生动、具体的

---

[1] 谭方亮.畅享课改：中学历史教师专业成长路径[M].南昌：江西高校出版社，2021：129.

讲解，帮助学生熟悉历史事件的背景、发展和影响，使学生对历史事件有更全面、深入的理解。例如，在讲解改革开放的历史进程时，教师可以播放改革开放初期的影像史料，通过影像史料展示改革开放给中国社会带来的巨大变化。通过这些影像史料，学生可以直观地看到经济特区的建设、新兴产业的发展和人民生活水平的提高，从而更深刻地理解改革开放的意义和重要性。

对于一些具有争议性的历史事件，不同的影像史料可能会呈现不同的视角和观点。因此，教师在对历史事件进行讲解时，可以播放多种影像史料，引导学生进行比较和分析，认识历史解释的多样性和复杂性，培养他们的思维能力和历史解释能力。

（三）利用影像史料丰富家国情怀

家国情怀是指某人对家、对国（主体对共同体）与生俱来的一种情感，是学习和探究历史应具有的人文追求和社会责任。[①]家国情怀素养是一个国家公民、一名学生的基本素养。教师在历史课堂教学中通过展示影像资料，能够对历史情境进行真实、形象的再现与还原，加深学生对历史的真实体验，激发学生的家国情怀，增强他们对祖国的热爱和责任感。

影像史料历史与现实的交融，可以使人们跨越时间的隧道，走进历史，触摸历史，感受祖国，热爱祖国。在历史教学过程中，教师可以选择纪录片，如中华人民共和国成立、改革开放的成果展示等能够激发学生爱国情感的影像史料，使他们身临其境，直观地感受到一代代中国人为国家独立和富强所付出的巨大努力和牺牲。这种情感上的震撼可以帮助学生更深刻地了解历史，增强他们对国家的认同感和责任感，激发他们的爱国情感。

---

① 刘宏法，朱启胜，王昌成.基于核心素养的中学历史教学探索[M].安徽师范大学出版社，2022：197.

五、影像史料应用的总结与反思

影像史料的应用需要教师在实践中不断进行总结与反思,发现教学中的不足,在后续的教学过程中不断改进优化,实现教学的最佳效果。效果评估能够检验影像史料在教学中的实际效果,为后续的教学改进提供参考依据。通过问卷调查、课堂讨论等方式,教师能够收集学生的反馈信息,了解他们对影像史料的观看感受、理解程度以及对教学内容的掌握情况,并了解影像史料在激发学生兴趣、促进学生理解和增强学生记忆方面的效果,从而判断影像史料的应用是否达到了预期的教学目标。教师从学生的课堂表现也能够发现影像史料的应用效果。合适的影像史料能够激发学生学习的兴趣和积极性,吸引学生注意力,使学生主动参与影像史料所创设的情境;而不恰当的影像史料会使学生缺乏兴趣,难以达到预期的课堂效果。教师通过影像史料在实践应用中的对比,发现其优点和不足之处,能够为后续的教学改进提供参考。

教师要在每次影像史料应用后进行教学反思,将实际应用中的优点和不足记录下来,通过教学反思不断总结和改进影像史料的应用策略,逐步形成科学、系统的教学方法。影像史料的应用实践需要不断改进,以适应不断变化的教学需求和学生特点。教师应根据效果评估和经验积累,持续改进影像史料的选择和应用策略,提高教学效果。

第五章 历史教学中实物史料的应用

第一节 实物史料概述

一、实物史料的定义

实物史料指的是人类活动留下来的各种非文字记载的实物资料,包括历史上的遗物、遗址、遗迹等,如文化遗址、古墓葬、建筑物等。实物史料的物质形态、制作工艺、使用痕迹等各方面都能够传达出丰富的历史信息,它是过去岁月的见证者,也是研究历史的重要资源。实物史料是历史的见证和历史知识的可靠来源,它既能比较真实地反映历史,又具有形象直观性。因此,无论是对历史研究,还是对历史教学,实物史料都具有极为重要的作用。

实物史料记录了历史事件和人物,反映了当时的社会状况、经济活动、文化习俗和科技水平,在历史教学中起到了桥梁作用,使学生能够通过具体的物质载体,直观感受和理解历史。实物史料作为教学资源,可以帮助学生直观感受历史的真实性和具体性,使他们更好地理解当时的社会经济状况。

二、实物史料的类别

实物史料能够通过具体的物质形态和独特的工艺传达出丰富的历史信息,是历史教学的重要史料来源。实物史料主要包括以下几种类别(见表5-1)。

表5-1 实物史料的主要类别

类别	具体类型	描述
考古发掘物	陶器	制作工艺复杂,反映文化风貌
	青铜器	具有较高的工艺水平和艺术价值
	玉器	用作装饰品、祭祀礼仪
历史遗存	古城遗址	研究古代城市布局和社会结构
	墓葬遗址	提供丰富历史信息,反映社会地位
	宗教遗址	反映古代宗教信仰和文化交流信息
古建筑	宫殿建筑	展示建筑技术和政治文化
	宗教建筑	反映宗教信仰和文化交流
	民居建筑	展示传统民居风格和文化内涵
器物	农具	反映农业技术和生产水平
	武器	种类繁多,体现冶金技术发展
	生活用品	满足日常生活需求,反映工艺水平和文化习俗
	工具和工艺品	反映生产技术和工艺水平

(一)考古发掘物

考古发掘物是考古学家通过系统性发掘获得的历史遗物,通常深埋地下,经过数百年甚至数千年的沉淀才重见天日。

1.陶瓷

陶器是常见的考古发掘物之一，种类繁多，包括生活用具、储存容器和仪式用器等。陶器通过其制作工艺、形状和装饰图案，展示了不同历史时期的文化风貌。陶器的制造过程复杂，需要经过取土、制坯、晾晒、装饰、烧制等多个环节，每个环节都凝聚了古代劳动人民的智慧，展现了古代人民的创造力。它是古代人类生活的必需品，反映了当时的技术水平和艺术成就。

2.青铜器

青铜器作为古代文明的重要标志，具有高度的工艺水平和艺术价值，它的出现标志着人类文明的进步，极大地推动了生产力的发展。青铜器的制作工艺精湛，纹饰丰富多样，既有抽象的几何图案，也有栩栩如生的动物形象，展示了古代工匠的高超技艺和艺术审美。

3.玉器

玉器在古代不仅被用作装饰品，也被视为具有神秘力量的器物，是被用作祭祀、礼仪等场合的重要物品。玉器的制作需要经过复杂的打磨、雕刻，耗时费力，因此，玉器在古代被视为珍贵之物。

（二）历史遗存

历史遗存是指古代的遗址和遗迹，这些遗存通过宏大的规模和独特的建筑风格，记录了历史时期的社会生活和文化成就，它们不仅是历史事件的见证者，也是当时社会结构和文化的反映。历史遗存主要包括古城遗址、墓葬遗址和宗教遗址等。

1.古城遗址

古城遗址是研究古代城市布局、建筑技术和社会结构的重要资料。古城遗址的布局和建筑结构，可以使学生了解古代城市的规划和发展，其中的宫殿、坊市和城墙展示了古代城市的繁荣和强盛。

2.墓葬遗址

墓葬遗址的墓室结构、随葬品和墓志铭提供了丰富的历史信息，墓葬中的随葬品如陶器、青铜器、玉器和金银器等展示了当时的物质文化水平，反映了墓主的社会地位和身份。

3.宗教遗址

宗教遗址如寺庙、道观和教堂等建筑反映了不同历史时期人们的宗教信仰和文化交流，遗址内的壁画、雕塑和经卷等文物，展示了当时的宗教艺术和信仰体系，为学生学习古代宗教文化提供了宝贵资料。

历史遗存通过其宏大的规模和独特的建筑风格，直观地展示了古代社会人们的生活方式和文化成就。通过研究历史遗存，史学家能够深入了解古代社会的政治、经济、文化和宗教等方面的情况，更全面地还原历史。

（三）古建筑

古建筑是指历史遗留下来的建筑物和建筑构件，其结构和布局为人们展示了当时的建筑技术和社会组织。主要类型有宫殿建筑、宗教建筑和民居建筑。

1.宫殿建筑

宫殿建筑是古代帝王居住和处理政务的场所，通过宏大的规模和华丽的装饰，反映了当时的建筑技术和艺术水平，还展示了古代政治、文化等多方面的面貌。例如，北京的故宫是明、清两代的皇家宫殿，展示了中国古代建筑的辉煌成就，反映了当时的建筑技术和艺术水平。

2.宗教建筑

宗教建筑主要包括寺庙、道观、教堂等，其建筑风格和宗教艺术反映了不同历史时期的宗教信仰和文化交流。宗教建筑中的壁画、雕塑、经卷等文物，展示了当时的宗教艺术和信仰体系，为史学家研究古代宗教文化提供了宝贵资料。

3. 民居建筑

民居建筑是古代普通百姓的居住场所，其结构和布局反映了不同历史时期人们的社会生活和文化习俗，展示了中国传统民居的独特风格和文化内涵。民居建筑不仅反映了当时的建筑技术和艺术水平，还展示了古代社会人们的生活方式和审美观念。

（四）器物

器物是指古代日常生活中的各种用具和工具，其设计和使用痕迹揭示了古代人们的生产方式和生活习惯。主要类型有农具、武器、生活用品、工具和工艺品。

1. 农具

古代的犁、锄和镰刀等农具是古代农业生产的基本工具，其设计和使用痕迹反映了当时的农业技术和生产水平。农具的制造和使用不仅推动了农业生产力的发展，也反映了当时的科技水平和社会发展状况。犁的设计实现了从木犁到铁犁的演变，标志着农业技术的进步。铁犁的出现，尤其是曲辕犁的推广，大大提高了耕作效率，减轻了农民的劳作强度；镰刀等收割工具的使用，则体现了当时农作物的收割方式。学生通过观察这些工具的形态和材质，可以了解古代农民的生活细节和农业经济的基础。

2. 武器

武器的种类繁多，包括冷兵器和热兵器，每种武器都承载了特定的历史背景和文化意义。冷兵器如刀剑、弓箭、矛戟等，不仅在战场上发挥了关键作用，其形制和工艺也体现了冶金技术的发展。刀剑的锻造技术、弓箭的设计与材料的选择反映了当时的科技水平和工匠智慧。热兵器如火药武器的出现，是中国古代科技的一大突破，火药的发明不仅改变了战争的形式，也对世界军事史产生了深远影响。

3. 生活用品

古代的生活用品满足了人们的基本生活需求，反映了古代的工艺水平和文化习俗。陶器作为早期出现的生活用品之一，广泛用于储存和烹饪食物，其造型和装饰反映了不同文化和时期的艺术风格与实用需求。瓷器的出现和发展，标志着中国古代制陶工艺的高度成就，瓷器也因此成为中国对外交流的重要商品。通过观察瓷器的纹饰和釉色变化，人们可以追溯不同时代的文化潮流和贸易路线。金属器皿则展示了古代的冶金技术，青铜器和铁器的制作不仅用于日常生活，也广泛用于祭祀和礼仪活动，具有重要的文化和宗教意义。纺织品如丝绸和棉布，是制作古代服饰品和装饰品的重要材料，通过对古代纺织品的研究，人们可以了解当时的纺织技术和社会经济状况。

4. 工具和工艺品

冶炼工具、纺织工具、木工工具等工具和工艺品是古代人们在生产和手工艺活动中使用的器物，反映了古代的生产技术和工艺水平。冶炼工具如熔炉、锤子、钳子等多用于金属的提炼和加工，展示了冶金技术的发展历程。纺织工具如纺车、织布机等主要用于纺织品的生产，能够反映古代纺织业的繁荣和技术的进步。木工工具如锯子、凿子、刨子等多用于木材的加工和建筑，展示了古代建筑和家具制作的精湛工艺。通过研究这些工具，人们可以了解古代工匠的技艺和生产组织形式、社会对工艺品的需求和审美标准。

三、实物史料应用的基本原则

实物史料是历史教学的重要资源，教师对其的应用应该遵循科学性、代表性、适度性和目的性四个基本原则（见图5-1）。

第五章 历史教学中实物史料的应用

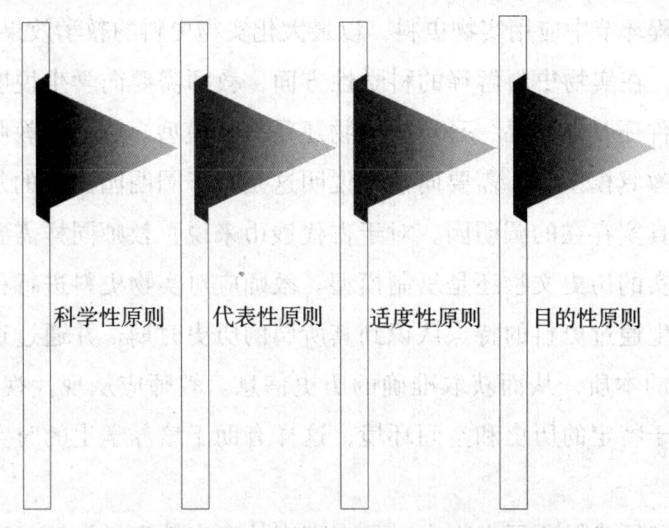

图 5-1 实物史料应用的基本原则

（一）科学性原则

科学性原则要求教师在使用实物史料时，必须严格遵循历史学和考古学的科学方法，确保史料的来源可靠、内容真实。具体来说，主要体现在审查与解释两个方面。

第一，为确保在中学历史课上使用实物史料的科学性，教师必须对其进行严格的审查，核实其来源的真实性和可信度。技术进步和仿制技术的提升使众多实物史料模型变得丰富，这对于增添课堂资源大有裨益，但是也给教师识别和使用这些模型和实物史料带来了一定挑战。教师需要对课堂所用实物史料进行细致的审查和鉴别。一个常见的考证方法是研究实物史料的历史背景，通过观察其结构、材料和图案等来推断其大致的历史时期，从而区分原始实物与复制模型。另一个考证方法是利用文献资料进行交叉验证，通过对比权威的历史记录来确认实物的真伪。多证据方法可以更准确地验证实物史料的真伪。在选择实物史料时，教师应考虑课程标准、教材内容、教育原则和学生特性，根据教学目标在适当的课程环节中应用实物史料,以最大化实物史料的教学效果。

第二,在实物史料解释的科学性方面,教师需要向学生说明提供的是原始物件还是复制品,是历史文物还是教具模型。例如,教师在解释圆明园的教具模型时,需要向学生说明这是基于圆明园遗址的复原,而非历史上真实存在的圆明园。对于古代钱币来说,教师同样需要让学生区分是真实的历史文物还是复制模型。教师应对实物史料进行科学的分析,使学生通过史料的特点认识到其所属的历史时期,并通过这些特征理解历史的本质,从而获取准确的历史信息。教师应从现代视角出发,将实物置于特定的历史和空间环境,这样有助于培养学生的时空观念和历史认知。

教师必须确保所用实物史料具有高度的真实性和科学性,引导学生科学地理解和学习历史。

(二)代表性原则

实物史料应具备代表性和典型性,能够准确反映特定历史时期和事件的主要特征和本质。教师应选择能够展现特定历史时期和事件的主要特征的实物史料,避免选择跨时代或不同时期的史料。当多个史料均反映相同历史阶段时,教师应优先考虑那些能体现时代特征、有效达成教学目标、直接传达科学的历史信息以及能让学生在短时间内获取丰富有效信息的史料。随着考古和科技的发展,实物史料的范围和质量也在不断扩展和提升,教师应保持对学术新发展的关注,并选择更具典型性的现代实物史料。具有代表性的实物史料能够帮助学生更好地理解和把握历史的主要脉络和发展趋势,准确理解不同历史时期的特点和变化,全面了解历史社会的复杂性和多样性。

(三)适度性原则

适度性原则要求教师在使用实物史料进行历史教学时,合理把握史料的数量和深度,确保教学内容与学生的理解能力相匹配,避免信息过载或不足。历史课堂每节课通常只有 40~45 分钟,在这有限的时间内,教师需要有效地达成教学目标,合理地利用实物史料。历史教学内容相对较多,时间非常宝贵,因此,教师合理安排实物史料的使用是至关重要的。适度性原则在教学中的体现主要有两个方面:时间和频率。在时间方面,由于课时有限,教师需要精心挑选具有教学价值的实物史料,确保在短时间内高效传递知识。教师要通过聚焦史料的细节,引导学生深入了解历史事件的本质,实现教学目的。如果处理不当,过度使用实物史料或选择不当的实物史料就可能会降低教学效果,使学生的学习效率受损。在频率方面,教师频繁地引入实物史料可能会过多占用课时,影响教学的重点和难点,从而阻碍教学目标的实现。过度频繁的实物史料使用也可能会使学生感到疲劳,减少他们对学习的热情。教师应认识到实物史料是辅助教学的资源,应适时、适度地使用,避免对其过度依赖。

(四)目的性原则

所有教学活动都带有一定的目的性,因此,教师明确实物史料在历史教学中的目的性是至关重要的。这一过程需要教师对教学目标有精准把握、对教材内容有深入理解、对学生特点有足够了解以及对实物史料有详细分析。通过对教学目标、教材、学生情况及实物史料的准确把握,教师可以清晰地识别使用实物史料的具体目的及在达成教学目标中的作用。显而易见,无论在教学的哪个阶段,教师都必须明确教学目标和史料的使用意图,这是确保教学任务高效完成和教学内容有序进行的前提。

目的性原则强调教师在使用实物史料进行历史教学时要明确教学目标,确保实物史料的使用能够服务于具体的教学目标和课程要求。实物史料要与教学内容密切相关,确保其能够直接支持教学目标。教师要根据课程内容和教学目标来精心选择和设计实物史料的使用方式,确保其能够有效支持教学目标。教学活动的设计应合理,教师要通过展示、讲解、讨论和实践等多种方式,将实物史料融入教学活动,增强学生的学习体验,提高学生的参与度。教师在使用实物史料进行历史教学后,还要进行科学的教学评价,确保实物史料的应用效果。

第二节 实物史料的价值

实物史料具有直观、具体的形式,呈现了历史的真实面貌,在一定程度上弥补了文字记载的不足。器物、古建筑等实物史料是历史事件和社会生活的真实见证,是文化传承的重要载体,在史学研究和历史教学方面具有独特的价值和意义。

一、实物史料的史学价值

实物史料的史学价值主要体现在以下两个方面(见图5-2)。

图5-2 实物史料的史学价值

(一)弥补历史研究中的空缺

文字史料是人们了解历史的主要来源,但是在文字还没有产生之前,许多历史信息是通过神话、传说等形式流传下来的。这类口述史料带有很大的虚构成分，难以成为史实的支撑。实物史料恰恰弥补了文字史料和口述史料的不足，填补了历史研究的空白。实物史料是实实在在的物体，为历史教学提供了更为全面和具体的证据支持。某些历史时期或历史事件由于年代久远、特殊原因等，缺乏文字方面的详细记录，造成了历史研究中的空缺。而出土的器物、古建筑、历史遗址等以实物形式保存下来的史料提供了直接的物证，并且从微观层面上提供了更为宝贵的细节信息。实物史料的自身特征和存在形式包含着许多历史细节和背景信息，能够反映当时社会、经济、文化等各个方面的真实状况。这些细节信息往往是文字记录中缺失的部分，通过对其进行研究，史学家能够对当时人们的生活方式、饮食习惯、文化活动等有所了解，还原更为完整和真实的历史图景。

建筑遗迹、文物遗存、出土器物等各种类型的实物史料能够为研究者提供不同层面和角度的信息。这些信息的交叉验证和相互补充，使史学家能够更为准确和全面地理解历史事件和历史人物。实物史料各具特色，能够反映不同时期、不同地区、不同社会阶层的物质文化和生活方式，能够为人们提供更为丰富和多样化的信息来源。实物史料相较于文字记录更为直观和真实，其具体形态和物质存在，能够直接呈现历史的真实面貌，其物理属性和形态变化反映了历史事件发生、发展、演变的动态变化。通过对这些实物史料进行比较研究，人们可以发现历史发展的共性和个性，从而更好地理解历史的整体发展脉络。

（二）验证文字史料的真伪

文字史料作为历史研究的主要材料，其真实性和可靠性一直是学者关注的焦点。王国维提倡的二重证据法主张将实物史料与古文献史料相互释证，以此对历史进行考证。"吾辈生于今日，幸于纸上之材料外，更得地下之新材料。由此种材料，我辈固得据以补正纸上之材料，亦得证明古书之某部分全为实录，即百家不雅训之言亦不无表示一面之事实。此二重证据法惟在今日始得为之。"① 实物史料客观存在，具有丰富信息，在验证文字史料的真伪方面具有不可替代的作用，为历史研究提供了重要的证据，还原了全面、真实、立体的历史图景。

通过对实物史料的分析和比对，史学家可以验证文字史料中的记载是否准确。例如，一份古代文献中记载了某一时期的某种器物如何制作和使用，而考古发掘出土的实物器物则可以直接检验这一记载的真实性。如果实物器物的形态、制作工艺和使用痕迹与文献记载相符，则可以确认文献记载的可靠性；反之，如果存在明显差异，史学家则需要对文献记载的真实性进行重新评估。这种通过实物史料来验证文字史料的方法，为历史研究提供了重要的客观依据，有助于史学家去伪存真，获取更加准确和可靠的历史信息。文字史料往往带有主观性和选择性，而实物史料则以其直接性和物质性，揭示了文字史料未能反映或故意隐瞒的信息，有助于史学家对历史文献中的记载进行验证和补充，为文献记载的真实性提供重要的佐证，从而帮助史学家更加准确地判断文字史料的真伪。

二、实物史料的教学价值

除了具有补史、证史的史学价值，文字史料还具有丰富课堂教学内容、提高学生学习兴趣、培养学生历史学科核心素养、培育学生创新精神等方面的重要教学价值（见图5-3）。

---

① 王国维.古史新证：王国维最后的讲义[M].北京：清华大学出版社，1994：24.

第五章 历史教学中实物史料的应用

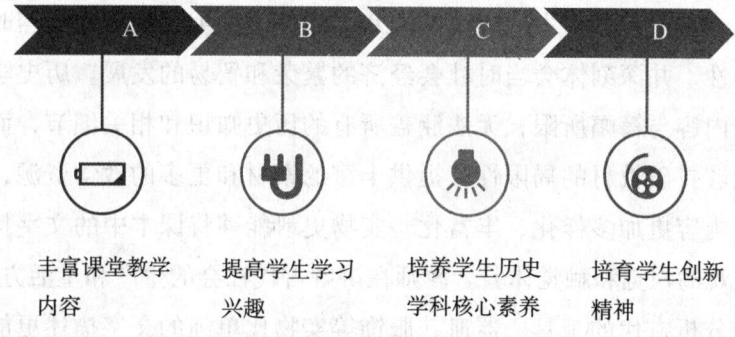

图5-3 实物史料的教学价值

（一）丰富课堂教学内容

历史学科的学习不是对知识的生搬硬套、死记硬背，而是通过丰富的教学内容、和谐的课堂气氛充分调动学生的积极性和主动性。传统的历史教学往往依赖文字材料和口头讲解，容易使课堂枯燥无味，实物史料应用的引入，能够有效弥补这一不足。实物史料具有立体、生动、直观的特点，能够将抽象的历史事件具体化，学生通过对其进行仔细观察和学习，会对历史有更深的理解和感受。例如，教师在讲解宋代的海外贸易时，展示"南海一号"沉船的复原图并介绍其背景，不仅能让学生清晰地想象沉船的外观，还能展示宋代先进的航海技术，增强学生的民族自豪感。相比之下，传统的文献史料虽然内容丰富，但往往缺乏直观性，容易使学生分散注意力，不易激发学生的学习兴趣和主动探索的欲望。

实物史料通过为学生提供直观的学习环境，补充文献资料的不足，使学生拥有了更多独立思考的机会，特别是对历史理解能力较弱的学生极为有益。在课堂教学过程中，教师要善于引导，通过对实物史料的详细讲解，引发学生的思考和探讨，使他们对实物史料背后隐藏的历史背景、社会意义等进行深入理解，拓展他们的知识面，培养他们的历史思维能力。例如，教师在讲解春秋战国时期的经济发展时，通过展示方孔半两钱、布币等各种古代货币的图片，能够使学生直观感受到当时货币的多样性，并深刻体会当时社会经济的繁荣和贸易的发展。历史学科教材由于内容与篇幅所限，无法涵盖所有的历史知识和相关细节，而实物史料能够打破教材的局限性，提供丰富的素材和更多的教学资源，使课堂教学内容更加多样化、丰富化。实物史料能够将课本中的文字描述转化为直观的视觉和触觉体验。教师在讲解古代社会的生产和生活方式时，展示和分析古代的工具、器皿、服饰等实物比单纯的文字描述更能吸引学生注意力，能够使学生更加直观地了解历史。这样，学生不仅能够更好地理解课本中的内容，还能够感受历史，从而达到教学目标。

（二）提高学生学习兴趣

实物史料能够以独特的存在形式直观地呈现在学生面前，学生可以通过观察和触摸直接感知历史，满足好奇心，增强学习的互动性和趣味性。中学阶段的学生在学习历史，尤其是在学习古代史时，对于理解比较深奥的文言文存在一定的困难，单纯依靠文字史料会影响他们学习的积极性，造成知识与能力的脱节。实物史料生动有趣，能够适应学生的认知水平，相比文字史料更易被学生接受和理解，其带来的历史真实感更能激发学生的好奇心和求知欲，使学生在轻松愉快的氛围中学习历史知识。

实物史料提供的历史证据是直观的、可操作的，学生利用实物史料展开学习不仅限于视觉观察，更涉及思维的交流与碰撞。这样的学习方式更能激发学生的兴趣，加深他们对历史知识的理解和记忆，促进学生自主学习，有效地提高历史教学的质量和效果。以地图为例，教师通过展示不同历史时期的地图，可以让学生观察到地理边界的变化、贸易路线的发展以及文明的扩散等现象。这种观察不仅局限于教师的讲解，更重要的是让学生自己发现和探索历史的连贯性和变迁。

(三)培养学生历史学科核心素养

实物史料为历史教学提供了丰富的学习资源,能够全面提升学生的历史学科核心素养,在历史教学中具有重要的价值。

唯物史观是学生在历史学习过程中必须掌握的基本观念,而通过对实物史料的探究,学生能够更直接地感受到历史的客观性和物质性,更好地理解历史不是虚构的故事,而是有着具体物质基础和发展规律的真实存在。这种切身的体验能够使学生认识到历史进程中物质条件和社会实践的决定性作用,从而避免他们在历史学习中的主观主义和片面性。农具、武器、古建筑等实物史料能够帮助学生理解古代社会经济基础与上层建筑的关系,理解社会生产力和生产关系在历史演变中的关键作用,促进他们对唯物史观核心要义的掌握。实物史料既是历史事件的见证,也是特定历史时期和地域文化的具体呈现,通过对实物史料的分析和研究,学生可以准确地把握历史事件发生的时间和空间背景,增强他们对历史时空的感知能力,使他们形成科学的时空观念。实物史料的多样性和丰富性为学生提供了广阔的天地,学生从中提取有效的历史信息,通过深入研究,形成对历史事件和历史现象的合理解释。他们在掌握基本的历史研究方法后,历史思维能力和综合素质都会得到有效提升。实物史料作为历史的具体见证,能够唤起学生对历史的情感共鸣,激发他们的家国情怀。在应用实物史料展开学习的过程中,祖国的悠久历史和灿烂文化会对学生产生影响和冲击,使他们在无形中增强民族自豪感和历史责任感,激励他们树立为中华民族伟大复兴而奋斗的理想和信念。

(四)培育学生创新精神

教师结合实物史料对历史教材进行讲解,能够加深学生对历史的理解,激发他们强烈的好奇心和探究欲望,使他们主动思考这些史料背后的故事和意义。探究过程本身就是一种创新的体验,这一过程需要运用他们所学到的历史知识和逻辑思维去解释和理解这些实物史料,通过不断提出问题、解决问题,树立强烈的问题意识。问题意识是创新精神的重要组成部分,学生在解决问题的过程中能够发现历史事件和现象中的疑点和难点,不断发展出新的视角和见解,促进思维能力的提升,在学习中能够不断挑战自我,追求创新。实物史料为学生提供了丰富的创造性表达机会,学生的研究发现和见解需要通过撰写报告、制作展示板、进行口头汇报等各种形式表达出来,这种创造性表达能够提高他们的沟通能力和创新思维,使他们在这一过程中不断产生新的想法和创意,进一步增强创新能力。

第三节 实物史料的应用策略

实物史料在历史教学中的应用能够丰富教学内容,提升学生的学习兴趣和理解能力。通过围绕教科书搜集典型史料、加强教师的指导、创设历史情境、利用好校外资源以及与其他类型史料相结合等相关策略,教师可以更好地发挥实物史料的教育作用,使历史教学更加生动、立体(见图5-4)。

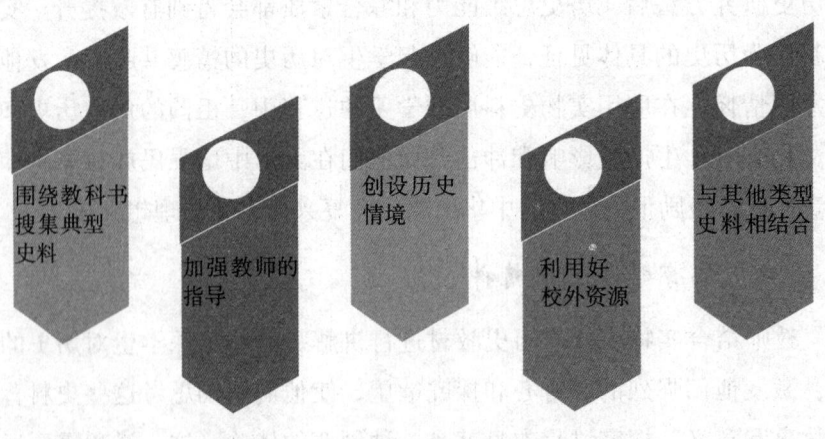

图5-4 实物史料的应用策略

一、围绕教科书搜集典型史料

历史教科书是历史知识的载体,也是学生学习与教师教学的基础,教师应充分利用教科书,并搜集与课程相关的实物史料。教科书中蕴含着丰富的教学资源,但是内容相对来说相对比较抽象,学生单纯凭借教科书中的图片和文字难以理解历史事件及其发生背景,实物史料能够帮助学生更好地理解历史知识,激发他们的学习兴趣。教科书中包含大量的重要历史事件和人物,这些内容是学生学习历史的基础。教师要深入理解教材内容,识别出适合引入实物史料的知识点,选择密切关联教学目标和符合学生需求的具有典型性和代表性的史料,避免过量堆积或不加选择地使用。

在教学过程中,教师要通过多种途径搜集与教科书密切联系的实物史料。图书馆、历史博物馆、档案馆拥有宣传资料、报纸、书籍等各种类型的实物史料,这些史料能够使学生感受历史事件的真实。教师要选择与教材内容密切相关的实物史料,加深学生对相关历史事件的理解和认识。通过多媒体技术将实物史料的图片、视频等引入课堂也是搜集和展示实物史料的重要手段,能够增强学生的感官体验,使历史教学更加生动有趣。教师还要组织学生进行实地考察,使他们通过亲身体验,加深对实物史料的认识。实地考察不仅可以让学生亲眼看到、亲手触摸历史遗迹和文物,还能通过现场讲解使学生更深入地了解实物史料背后的历史背景和文化内涵,提高学生的学习兴趣,培养他们的观察能力和思考能力。通过这些方式,教师可以有效地将实物史料融入教科书内容,使学生在学习过程中,不仅能掌握书本知识,还能通过观察实物史料产生具体感知,更加深刻地理解和记忆历史。

二、加强教师的指导

教师不仅是知识的传授者，更是学生学习的引导者和促进者。中学历史涵盖内容丰富，知识点较多，教师在实物史料的应用过程中，难免遇到学生难以理解的内容，教师的有效指导能够帮助学生更好地理解和运用实物史料。

教师在指导学生使用实物史料时，需要明确教学目标和要求，使学生了解实物史料在学习中的作用和意义，帮助学生理解事件发生的背景、过程和影响，从而提高学习效果。在具体操作中，教师可以通过示范和讲解，指导学生如何观察和分析实物史料。教师可以展示一件古代器物，讲解其形状、材料、制作工艺等，并引导学生思考这些特征与历史事件之间的关系，使其掌握观察和分析实物史料的方法，培养他们的历史思维能力。教师还要引导学生对史料的真实性、可靠性和代表性进行评估，通过比较不同实物史料的异同，分析其可能存在的偏差和局限性，从而培养学生的独立思考和判断能力。

实物史料作为历史的真实记录，具有很高的研究价值，但学生在初次接触这些史料时，往往缺乏分析和解读的能力。教师应通过具体的案例和方法，指导学生如何从实物史料中提取有效信息，以及如何通过对史料的分析和对比，得出正确的历史结论。例如，在讲解战争历史时，教师可以展示当时的军事装备和战争纪念品，并引导学生分析这些实物史料的历史背景和意义。

教师要善于利用实践活动促进教学效果，多组织与实物史料应用相关的实践活动，通过这些活动的开展，让学生亲自参与实物史料搜集和整理工作，激发学生对实物史料的兴趣和探究欲望，提高他们的综合素质和实践能力。

三、创设历史情境

创设历史情境是一种十分有效的教学策略，生动的历史情境能够使学生身临其境地学习和探索历史事件，更加直观地感受到历史事件的真实与重要性，帮助学生更好地理解和应用实物史料，激发他们的学习兴趣和探究欲望。

教师可以通过角色扮演的方式创设历史情境，拉近学生与历史之间的距离，重现历史事件。这种方式不仅能够增强学生的学习兴趣，还能够帮助他们更加深刻地理解历史知识。通过角色扮演创设的历史情境，能够增强历史教学的生动性和趣味性，有利于培养学生的时空观念，促进学生对历史事件和历史现象的理解和分析。情景模拟也是实物史料应用教学中创设历史情境的重要方式，教师以实物史料作为背景设计历史情境，让学生在情境中学习和探究历史事件。在这种方式中，学生由知识的被动接收者，转化为历史事件再现的主动参与者，这能够促进学生在情境中学习相关历史和文化，增强学生的学习兴趣，帮助他们更加直观地感受历史事件的真实与重要性。教师通过提供一个丰富的、多感官的学习环境，增强了学生的学习兴趣，极大地提高了教学效果，使学生能够在动态和互动的环境中学习历史，更全面地掌握和理解历史知识。现代科技手段能够为实物史料应用和情境创设提供更为创新的形式，教师通过将实物史料进行数字化处理，以视频、音频和图像等多媒体手段生动再现历史事件，既能使学生更加直观地感受历史事件，增强他们的学习兴趣，还能帮助他们更加深刻地理解历史知识。

四、利用好校外资源

实物史料的应用不应该局限于课堂教学，教师要充分利用校外资源帮助学生更好地理解和应用实物史料。校外资源通常指的是学校教育体系外包括博物馆、历史遗址、档案馆、纪念馆在内的各类历史文化资源。这些资源具有真实性和原始性的特点,对于学生的历史学习具有不可替代的教育价值,对于学生直观地理解历史事件的发生、发展过程及影响,以及对他们历史思维和历史感的培养具有重要意义。

历史博物馆、纪念馆等场馆收藏了大量真实且珍贵的实物史料,这些实物史料能够直观地展示历史事件和发展过程。教师可以定期带领学生参观这些场馆,见证和感受历史,使学生接触到历史实物。专业人员的讲解能够使学生深入理解实物背后的历史背景和故事。参观后,教师要鼓励学生记录和整理参观心得,撰写相关报告,使学生进一步巩固学习效果。每个地区都有其独特的历史遗迹、古建筑等历史文化遗产,这些历史文化遗产同样是宝贵的教学资源,能够为学生提供直接的历史证据和文化体验。例如,通过对本地的古城墙、古街道、传统民居等建筑进行观察和研究,学生可以直观了解当时的社会结构、建筑技术和人们的生活方式。教师可以带领学生进行实地考察,开展现场教学活动,结合课堂所学进行实物分析,帮助学生更好地理解和记忆历史知识。

许多文化机构和历史研究机构会定期举办各类历史文化讲座和展览,这些活动不仅展示了丰富的实物史料,还会结合专业讲解进行深入剖析。教师可以组织学生参加这些活动,让学生在实际参观和聆听中获得更丰富的知识和体验,与专家学者互动交流,提出问题,分享见解,从而激发他们的学习兴趣和求知欲望;教师还可以邀请专家学者到校开设专题讲座,展示和解读实物史料,帮助学生了解史料的学术价值和研究方法,让他们接触更多的实物史料和研究成果,提高他们的知识水平和研究能力。

五、与其他类型史料相结合

单独依靠实物史料进行教学虽然能够为学生提供直观的历史体验,但具有一定的局限性,不足以全面展示历史事件。实物史料与其他类型史料的结合从多角度、多层次为学生提供了认识和了解历史的窗口，拓宽了学生的认知视野，培养了他们多角度分析历史的能力。

实物史料与文字史料的结合能够丰富教学内容，增强学生的学习兴趣。历史文献、档案、书籍等文字史料采用丰富的文字描述，详细记录了历史事件的背景、经过和结果，具有很高的研究价值，是历史记录的重要形式；而实物史料则是通过具体的物质形态展现历史的物质文化和社会生活。教师可以将两者结合起来，进行详细的对比和分析，使学生全面了解历史事件的具体细节，通过实物感受历史。图片史料提供历史的静态画面，实物史料体现历史的动态过程，实物史料与图片史料的结合能够更加直观地展示历史。图片史料包括历史照片、历史绘画、历史地图等以图像的形式呈现历史场景和人物形象，具有直观生动的特点；实物史料则提供了这些历史图像背后的真实物品和环境。两者的结合能够使学生对历史事件有更为深刻和全面的认识。例如，在讲解古代建筑时，教师可以展示该建筑的照片或绘画，再结合建筑的遗址或复原模型，帮助学生理解建筑的结构和功能。历史纪录片、电影、录像等影像史料以动态画面的形式再现历史事件和人物形象，具有强烈的视觉冲击力和感染力。将影像史料与实物史料相结合，能够为学生提供更加生动和具体的历史学习体验。例如，在讲解某一历史战役时，教师可以播放相关的纪录片，让学生看到战役的动态过程和参战双方的具体情况，再结合战场遗址或相关文物，帮助学生进一步了解战役的真实场景和历史意义，增强教学的趣味性，加深学生对历史的记忆和理解。口述史料通过亲历者的口述记录历史事件，具有生动性和个人体验的独特性；实物史料则提供了这些口述内容的物质证据，两者的结合使历史教学更加立体和真实。例如，教师在为学生讲述战争历史时，可以播放口述录音或视频，再展示如武器装备、战斗日记等相关的实物，使学生通过实物感受当时的战斗场景，增强学生的感性认识，激发他们的历史情感和爱国主义精神。

第六章　历史教学中口述史料的应用

第一节　口述史料概述

一、口述史料的定义

口述史料的概念在学术界存在多种观点。钟少华指出:"口述历史是受访者与历史工作者合作的产物。"① 杨立文指出:"相对于文字资料而言,口述史料就是收集当事人或知情人的口头资料。"② 张汉林教授指出:"口碑史料一般是历史事件亲历者对所经历或听闻事件的回忆,优点在于细节丰富,情感充沛,不足在于主客观因素会影响其真实性和客观性。"③

综合以上几位学者的观点,笔者重新对口述史料的定义进行了解析。口述史料是通过口述方式记录和传承的历史资料。它以个体或群体的口

---

① 钟少华.进取集:钟少华文存[M].北京:中国国际广播出版社,1998:414.
② 杨立文.论口述史学在历史学中的功用与地位[J].北大史学,1993(00):120-136,276.
③ 张汉林.历史教育:追寻什么及如何可能[M].北京:中国民主法制出版社,2016:95.

述为基础,借助录音、录像、文字记录等方式保存下来,成为历史研究和教学的重要资源。这种史料形式在书写系统普及前的时代尤为重要,是人类社会记录历史和传递信息的主要手段。在文字记录普及后,口述史料依然保留了其独特的价值和功能,成为书面史料的有益补充。口述史料的核心是个体或群体的亲身经历和记忆。通过回忆和描述,口述者将其所经历的历史事件、社会变迁、文化习俗等信息口头表达出来。与书面史料相比,口述史料具有鲜明的个性化和主观性。每个口述者的视角、情感和经历都可能有所不同,因此口述史料呈现出多样性和丰富性的特点。通过阅读多种口述史料,历史研究者可以获得更加立体和全面的历史图景。作为第一手资料,口述史料具有直接记录历史的优势,能够为历史研究者提供许多书面史料无法涵盖的细节和信息。然而,口述史料的主观性和记忆的不稳定性也给历史研究者带来了一定的挑战。口述者的记忆容易受到时间和情感的影响,叙述内容可能会有所遗忘、扭曲。历史研究者在使用口述史料时,需要综合考虑口述者的背景、身份和情感倾向,并通过多种途径进行核实和比对,以确保历史研究的准确性和可靠性。口述史料能够补充书面史料的不足,还能够提供丰富的社会文化和生活经验。通过阅读多种口述史料,历史研究者可以深入了解历史事件对个人和社会的影响,揭示隐藏在官方记录背后的真实情况。口述史料为历史研究者研究普通人生活史、社会史和文化史提供了珍贵的资料,使他们能够追溯历史进程中的微观变化,探索社会结构、文化习俗和人际关系的演变。

二、口述史料的类型

根据不同的记录和传播方式,口述史料可以分为文献形式的口述史料、口耳相传的口述史料、音像形式的口述史料三种类型(见图6-1),它们各具特点和优势,在历史教学中发挥着不同的作用。

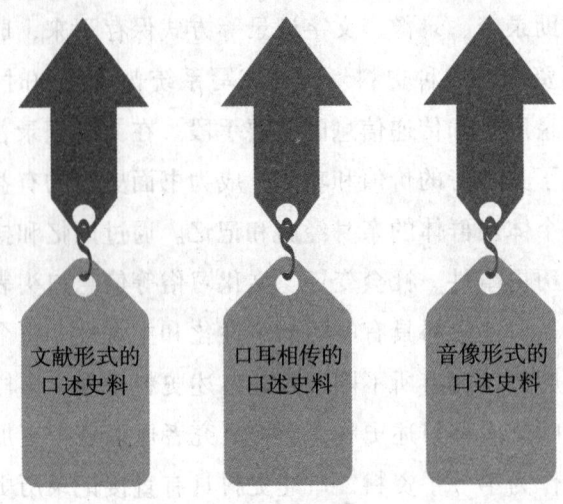

图 6-1 口述史料的类型

（一）文献形式的口述史料

文献形式的口述史料通过文字记录的方式保存口述内容，通常包括回忆录、访谈记录、口述历史的书面整理等。文献形式的口述史料在保存和传播方面具有明显优势，文字记录便于复制，可以通过印刷和电子出版等方式广泛传播。然而，这种形式也存在一定的局限性，口述者的语气、情感和细节描述可能在文字记录中有所丧失，不能完全再现口述过程中的丰富信息。回忆录是指通过个人或他人的书写来记录个人经历和历史事件，对口述者的记忆进行保存，并通过文字的方式详细描述事件的背景、过程和细节。回忆录的书写通常带有强烈的个人色彩和情感表达，能够生动地反映历史事件对个体的影响。访谈记录是指通过与亲历者或见证者的访谈来记录他们的口述内容，这种方式能够捕捉到口述者的即时反应和细节描述，为历史研究提供第一手资料。访谈记录的整理和出版，可以让更多人了解特定历史事件的多个视角和细节，对于丰富历史叙述具有重要意义。口述历史的书面整理是指历史研究者通过系统的访谈和整理，将口述内容编纂成书，使其具有较高的学术价值和系统性，旨在为历史研究提供丰富的资料来源。书面整理的口述历史通常会经过详细的考证和分析，可确保内容的准确性和完整性，是研究和教学中重要的参考资料。

（二）口耳相传的口述史料

口述史是史学的源头，其中，以口耳相传的方式保留下来的史料属于最初级的形态，是人类早期历史记录和传递的重要方式。中国古代的神话传说都是以口述的形式流传下来的。即便在文字发明之后，这些故事在史籍中也不乏身影，如司马迁的《史记》中就有"五帝本纪"的记载。尽管现代科技的发展为历史研究者提供了多种记录方式，口耳相传的方式仍然在许多文化和社区中保留，并发挥着重要作用。

在历史发展过程中，历史故事、传说、谚语和歌曲等以口头形式代代相传，成为社区和族群文化记忆的一部分。这种口述史料对历史事件进行了记录，反映了社会大众的文化价值观和生活方式。通过口耳相传的形式，社区成员，特别是年青一代能够了解和认同自己的文化和历史，增强文化认同感和社会凝聚力。口述史料具有很强的灵活性和适应性，它能够根据传承者的记忆和表达方式进行调整和丰富，适应不同的听众和场景，使口耳相传的史料充满生机和活力，在不同的历史时期和社会环境中继续传承和发展。然而，口述史料更多的是未定型的、潜在的史料。即使在科技高度发达的今天，这类口耳相传的史料依然在民间广泛流传，等待学者的发掘和整理。

（三）音像形式的口述史料

随着科技的进步，近现代出现了以音像形式展现的口述史料，主要包括以录音和录像方式保存的历史资料。这些现代口述史料通常以录音或影像制品形式出现，记录了会议、各类活动现场的声音以及人物访谈的影音，其优势在于能够最大限度地保留口述者的声音、表情和肢体语言等原始信息，减少了信息在传递过程中因时间流逝而可能出现的失真问题。

以录音方式保存的口述史料通过录音设备记录了口述者的声音，保留了其语调、语速和情感表达，真实再现了口述者在口述过程中的细节和氛围，使历史叙述更加生动和具体。以录音方式保存的史料在历史研究中具有重要价值，特别是为历史研究者研究口述者的语言特点、情感状态和表达方式提供了丰富的资料。录像形式的口述史料主要是使用录像设备记录口述者的影像和声音，除了声音信息，录像设备还能记录口述者的面部表情、肢体语言等非语言信息。这对历史研究者理解和解读口述内容具有重要意义，能够使他们发掘更丰富的历史细节和背景。录像史料在历史教学中具有独特的优势，教师可以通过播放录像，让学生直接观看口述者的叙述过程，感受历史的生动性和真实感。

音像形式的口述史料可以为学生提供直观和生动的学习体验，让他们通过直接聆听和观看历史事件的口述描述，感受历史的真实和鲜活。教师可以利用这些音像资料开展课堂讨论、角色扮演和历史剧表演等多种教学活动，帮助学生更好地理解和记忆历史知识。

三、口述史料的应用原则

确保口述史料在历史教学中应用的有效性和科学性，需要遵循真实性原则、适度性原则、针对性原则、合理性原则（见图6-2）。

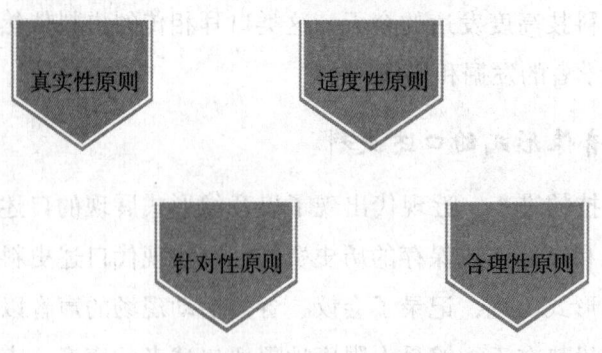

图6-2 口述史料的应用原则

第六章 历史教学中口述史料的应用

（一）真实性原则

口述史料的价值在于其记录了个人对历史事件的直接经历和见证，为历史研究提供了第一手资料。在历史教学中运用口述史料，需注重其真实性，仔细筛选和验证所用史料。口述史料基于个人回忆，而回忆往往不完全准确。这些不精确之处通常有三个原因：其一，受访者的记忆可能模糊，尤其是被要求追溯多年前甚至是半个世纪以前的事件时；其二，回忆的时间越久远，其真实性可能越低；其三，口述史料涉及明显的主观性问题。虽然历史事实是客观存在的，但每位受访者在叙述时都会从自己的视角出发，加入个人情感，导致这些受访者对同一事件的描述出现巨大差异。受访者可能还会有意或无意地对记忆中的事件进行重构、美化、过滤或遗忘。因此，教师在选用口述史料时应仔细验证其真实性，确保与文献记载相符后才可用于教学。对于涉及重大历史事件的口述史料，教师应尽可能多地收集和对比不同来源的口述记录，通过多角度、多层次的验证，确保口述内容的真实性。

在使用口述史料进行教学时，教师和学生都应持一种对历史真相追求的敬畏态度。师生只有共同努力，才能确保口述历史的真实性。许志刚先生指出："口述历史的真实性会受到多种因素影响，会因历史的亲历者因于历史悠久和记忆不清而产生的偏见，以及由于自己的立场和观点而造成的扭曲。"[①] 口述历史是叙述者对过去经历的个人回忆，容易带有主观色彩和片面看法。在口述历史的教学过程中，由于并非所有材料都是原始口述，偏见的产生是不可避免的。在收集口述史料时，教师应引导学生深入学习，并讨论历史事件的客观事实，提高学生的学习热情。对于具有较大争议的口述历史，教师要进行反复验证，确保所选材料内容真实可靠。

---

① 许志刚. 口述史在中学历史探究式教学中的应用[J]. 鸭绿江（下半月版），2015（3）：975.

(二）适度性原则

口述史料在历史教学中具有显著价值，能够激发学生的学习兴趣、培养其思维能力，实现历史学科核心素养的实际应用。然而，口述史料并非历史课程的全部内容，而是一种提高学生综合能力的辅助工具，它不能取代传统的史料或教师的直接教学。因此，在课堂教学中，教师应根据教学目标选择适当的口述史料。一方面，口述史料的使用量应适中。在传统历史课堂上，一些教师可能会过度使用史料，导致课堂内容变成史料的堆积，从而忽略教学的主线和重点。由于口述史料富有故事性，某些教师可能会过多地使用它们，以吸引学生注意，使本应有明确重点和目标的课堂变成了讲故事的时间。这可能使学生在课堂上过分沉浸于故事，无法集中精力学习，也削弱了课程核心难点的教学效果。另一方面，选择的口述史料应该控制在适当的长度。任何类型的史料如果过长或过于复杂，都可能使学生感到疲劳，从而降低课堂教学效果。口述史料通常详细且内容繁复，如果在课堂上完整使用，很可能造成学生的阅读疲劳。因此，教师在选取口述史料后，应在保留其特点的基础上进行适当的简化，以减轻学生的阅读负担，提高教学质量。对于音频、视频类型的口述史料，建议控制在 5 分钟左右的时间，过短不足以达到教学目的，过长则可能分散学生的注意力。

口述史料适合用于补充个别知识点，不能替代教科书和传统史料的角色和地位。口述史料通常是个人对历史事件的片段性回忆，虽然细节丰富，但可能缺乏整体视角，且带有较强的个人主观性。教师在课堂上使用口述史料时一定要遵循适度性原则，不能过度依赖单一教学资源，避免分散学生的注意力和模糊教学重点，确保教学任务的有效完成。在口述史料的具体应用过程中，教师还要注重教学内容的层次性和渐进性，根据学生的学习进度和理解能力，逐步引导学生深入学习和思考历史问题，帮助学生在理解和掌握基础知识的同时，提升他们的历史思维能力和分析能力。

（三）针对性原则

针对性原则强调口述史料的应用应根据教学目标和教学内容进行有针对性的选择和安排，确保口述史料的应用能够有效服务于教学目标，促进学生的学习和发展。不同的教学内容和目标需要不同类型和内容的口述史料，因此，教师应根据具体的教学需求，选择和应用合适的口述史料。教师直接使用现成的口述史料，或组织学生自行收集并应用于课堂过程，都应以实现教学目标为基本出发点，致力解决实际教学问题，避免过多地沉迷事实的表面。教师在采用口述史料时也要遵循目标导向原则，在学生学习过程中承担起指导者、助手和合作伙伴的角色。在课外活动中运用口述史，让学生亲自参与历史见证者的访谈，可以极大提高他们的历史学习效率。然而，由于中学生活泼好动，组织能力相对较弱，口述史料收集活动需要在教师的严格指导下进行。

无论是组织学生参与访谈还是在课堂上使用现成的口述史料，教师在其中都扮演着关键角色。他们需要结合课程标准、宏观教学目标、具体教学内容以及学生基础知识等多个方面来设定教学目标。历史学科的学习重点在于传授知识，但在传授历史知识的同时，教师还要帮助学生形成正确的价值观，发挥教育的功能，培养学生的家国情怀。

（四）合理性原则

口述历史教学面临时间限制、地点选择、学生的整体素质、学校政策以及教师的专业水平等多方面的挑战。历史教师需要充分利用可用时间，通过合理的计划安排和分组活动，确保活动时间得到合理利用。因此，历史教师在制订教学计划和设计教学活动时，必须确保口述历史的合理运用，以提升课堂教学效果。教师在教学准备阶段应全面考虑，合理设计教学活动，确定哪些环节适合采用口述历史，或者如何将口述史料与教材知识相结合。

在具体应用过程中，教师应注重口述史料的合理选择和使用，结合科学的教学方法和策略,最大限度地发挥口述史料的教育价值。教师要根据教学目标和内容选择合适的口述史料,确保其内容的科学性和教育性。对于涉及复杂历史事件或专业术语的口述史料,教师要注意为学生进行适当的解释,帮助学生理解历史背景和事件过程。教师在口述史料的应用中要注重教学方法的多样性和灵活性,结合口述史料的特点,开展课堂讨论、角色扮演、历史剧表演等多种教学活动,增强学生的参与感和学习兴趣,帮助学生更好地理解和记忆口述史料的内容,提升他们的历史思维能力和分析能力。

第二节 口述史料应用的可行性与必要性

一、口述史料应用的可行性

口述史料由当事人或目击者亲自讲述,包含大量的个人记忆和体验,历史教学中的应用具有很大的可行性,主要体现在以下几个方面(见图6-3)。

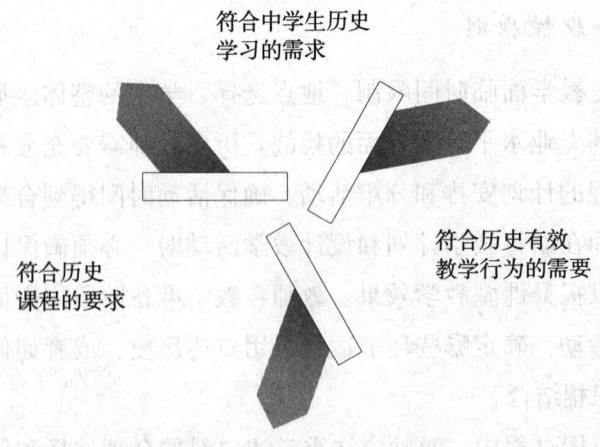

图 6-3 口述史料应用的可行性

(一) 符合中学生历史学习的需求

"由于青少年正处于个人认同的挣扎期,口述历史可以协助他们把注意力从自身重新聚焦到家庭和社群上。"[1]中学生处于思维能力快速发展的阶段,对生动、具体的历史信息有着强烈的兴趣。口述史料相较于文字和图片具有更强的感性和直观性,能够生动再现历史场景,使学生身临其境。口述史料在历史教学中的应用能够辅助教师进行正常的教学计划,口述史料中的个人故事和情感能够引发学生的共鸣,增强他们对历史事件的理解和记忆,从而提高历史学习的效果。

中学生的语言能力、口头表达能力、逻辑思维能力等较前一个阶段都有了一定的发展,具备对资料的搜集、整理、分析等基本能力。在应用口述史料的过程中,学生需要集中注意力,对所叙述的内容进行深入理解和分析,这对于他们的听力和理解能力的提升都有很大帮助。通过复述、讨论和写作等活动来表达自己的观点和感受,学生的口头表达能力和书面表达能力也会得到进一步提高。

总的来看,口述史料的应用能够满足学生认知发展和能力提升的需要,符合他们对历史学习的需求,无论是对历史课程的学习还是对学生自身的发展来说都是可行的。

(二) 符合历史课程的要求

历史课程强调培养学生的历史思维能力和多元视角,而口述史料正是实现这一目标的有效途径。通过口述史料,学生可以接触到不同的历史观点,了解历史事件的多面性和复杂性。这有助于他们形成全面、客观的历史观,避免单一视角和片面理解。

历史课程的改革不断强调教学资源的多样化。口述史料作为史料体系的重要组成部分,丰富了历史教材的内容,具有独特的历史实践教学

---

[1] 里奇.大家来做口述历史[M].3版.邱霞,译.北京:当代中国出版社,2019:263.

价值。从古代口耳相传的方式到现代口述史学的发展，口述史料历经长时间的积累，内容丰富、更新迅速、研究领域广泛，在历史研究和教学中占据了不可替代的地位，其教育价值和证史功能被广泛认可。口述史料还提供了实践性的教学资源，促进了学生实践能力的提升。在收集口述史料的过程中，教师采用口述历史方法，指导学生设计问题、进行采访并整理采访材料。这一过程不仅锻炼了学生的历史思维和史料意识，也引入了新的实践教学方法。口述史料的有效运用有助于学生深入理解历史的多样性，掌握采集和利用口述史料的方法，使他们提高实证分析能力。这种教学方式符合历史课程的内在要求，也推动了历史教学改革的深入实施。

（三）符合历史有效教学行为的需要

有效教学行为是指教师以正确的教学理念为指导，在具体课堂情境中灵活运用教学智慧和教学策略，为学生的长远发展和自身专业成长而采用的促成学生理想表现的行为。历史教学中口述史料的运用完全符合有效教学行为的需求。有效教学行为在具体实施中主要表现为三个方面：第一，确保投入与产出之间的平衡；第二，提高课堂教学效率的同时减轻学生学习负担；第三，融合现代化教学设备与传统教学手段。有效的历史教学传授历史知识是必然的，更重要的是培养学生的技能和态度。口述史料的应用能够满足这一需求，通过听取和分析口述史料，学生的听力、理解和表达能力都能得到有效提高，口述史料中蕴含的情感和价值观念还能引导学生形成正确的历史观和人生观。

口述史料的应用旨在全面提升学生的学术与技能发展，而非仅仅传授相关的历史知识，这种方式能有效提高学生学习的产出效率。实施有效教学行为的策略还包括重视师生间的交流沟通、创设真实有效的教学场景以及积极引导学生改变学习模式。在口述史料的开发和应用过程中，师生之间的持续互动和学生在真实环境下的积极参与，体现了教学活动的实践性和互动性,这是有效教学行为策略的典型体现。2021年,教育部办公厅《关于加强义务教育学校作业管理的通知》提出"把握作业育人功能、严控书面作业总量、创新作业类型方式、提高作业设计质量"的要求。在这种政策背景下,口述史料的应用可以作为一种创新性和个性化的课外任务,教师要根据学生的不同水平设计具有不同学习重点的任务,并促使学生协作完成。这种作业方式不仅避免了传统作业的机械重复,而且增强了学习的创造性和体验性,符合当前教育政策的"双减"要求,有效提高了教学效率并减轻了学生的学习负担,符合有效教学行为的要求,为学生提供了更加丰富和动态的学习体验。

二、口述史料应用的必要性

口述史料在历史教学中应用的必要性主要体现在活化历史课堂、激发学生学习兴趣、加深对历史事件的理解、促进学生综合能力的提升等方面(见图6-4)。

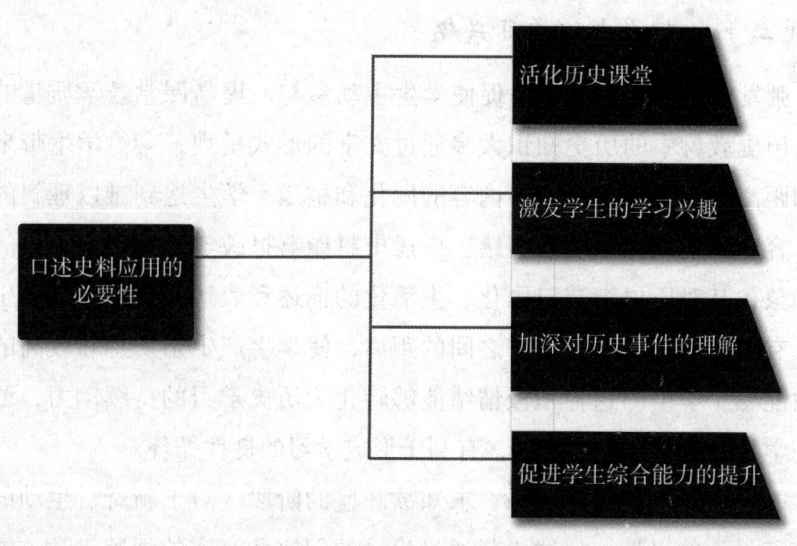

图6-4 口述史料应用的必要性

◎历史教学中史料应用研究

（一）活化历史课堂

传统的历史课堂教学更多依赖文字和图片史料。口述史料的应用能够对传统史料库进行有效补充，填补文字资料缺失或不足的情况。口述史料具有较强的故事性，其生动的叙述和真实的情感表达使学生能够感受到历史的温度，提高了历史教学的趣味性，活化了历史课堂。

口述史料多是亲历者以第一人称讲述的，其生动的叙述和真实的情感表达能够跨越时间，快速拉近与学生的距离，给学生带来一种，切身置于历史事件发生现场的感觉，能够激发学生的情感共鸣与想象力。另外，口述史料故事化的讲述方式具有很强的趣味性，符合中学生的认知特点，易于学生理解，贴合课堂教学内容，有助于为传统历史课堂注入新的活力。口述史料的资源丰富，教师要结合学生的认识水平和特点来选择合适的口述史料，要尽量选择叙述形式灵活、贴近学生生活，能够充分激发学生的好奇心和求知欲、活跃课堂气氛的口述史料，以促进学生对历史知识的掌握，提高历史课堂教学的效果。

（二）激发学生的学习兴趣

激发学生的学习兴趣是促使学生主动参与、提高课堂教学质量的基础。历史教材中的历史知识大多通过文字的形式呈现，会给学生带来一定的距离感，容易造成学习内容的固化和枯燥，学生遇到难以理解的方面，容易产生抵触和消极情绪。口述史料能够打破学生对历史知识的刻板印象，其对历史细节口语化、生活化的描述和表达，更容易被学生接受，有利于缩短历史与现实之间的距离，使学生产生亲切感和较高的心理效能感。学生的这种积极情绪能够转化为历史学习的持续动力，调动他们学习的积极性和主动性，有利于形成学习的良性循环。

中学生正处于好奇心强、求知欲旺盛的阶段，对于新奇、生动的事物有着强烈的兴趣。口述史料通过生动的叙述和真实的情感表达，能够引发学生的共鸣，使他们对历史产生浓厚的兴趣。通过学习口述史料，学生能够接触到历史事件背后的个人故事和情感，这些内容往往比枯燥的书面资料更具吸引力和感染力。亲历者的讲述能够让学生感受到历史的真实和具体，激发他们对历史的好奇心和探索欲望。口述史料中的情感表达和个人体验能够引发学生的共鸣，使他们更加深入地理解历史事件的影响和意义，增强他们对历史的认同感和责任感，激发他们对历史学习的持续兴趣和热情。

（三）加深对历史事件的理解

口述史料往往是历史事件亲历者的直接讲述，因此表达方式更为直白、具体，学生接受程度更高，也更容易置身历史情境。随着科学技术的发展，口述史料出现了声音与影像结合的新形式，为学生提供了更为直接的历史体验，加深了他们对历史事件的理解。

在口头史料的搜集和整理过程中，学生要直接面对历史事件的见证者和亲历者，通过他们的叙述来了解历史，通过亲自参与获得平时课堂上学不到的历史知识，增加更加具体、微观的历史体验，从而对历史事件形成更深的理解和认识。

（四）促进学生综合能力的提升

在历史教学中，口头史料的应用不单是促进学生对教科书知识的掌握，更重要的是发挥学生的主体作用，促进其综合能力的提升。在口述史料的应用中，学生要通过复述、讨论和写作等方式表达自己的观点和感受，在这一过程中，学生需要组织语言、表达观点、解释理由，久而久之，他们的口头表达能力和书面表达能力都能够得到有效锻炼和提升。

口述史料实践有利于学生多样化学习方式的形成，有利于"在做中学"的真正实现，有利于学生高尚情感的培养。在收集和处理口述史料的过程中，学生将采用历史访谈法等口述史料研究的基本方法。在设计访谈提纲、组织访谈活动等过程中，学生的筹划和决策能力将得到锻炼。通过与受访者互动，学生将提升自己的语言表达和社会交往能力。在整理、筛选和校正口述史料的阶段，学生的史料分析、理解及归纳概括能力也将得到增强。展示口述史料成果时，学生的历史解读能力、创造性展示能力和自我反思能力也将得到相应的提升。口述史料的搜集和整理活动通常以小组为单位进行，这种分工合作的方式能够提高学生的沟通与协作能力，发展学生的潜能和特长，甚至会对学生以后的职业选择产生一定影响。口述史料的应用不仅是历史课程要求的体现，也是一种高效且多维的教学策略，能在多个层面促进学生学习能力的提升。

第三节 口述史料应用的策略

口述史料作为一种重要的历史资源，能够有效提高学生的历史学习体验和理解水平，在历史教学中发挥着重要作用。在具体教学活动中，教师要结合实际情况挖掘口述史料，从多方面入手实施策略，全面提升历史教学的效果（见图6-5）。

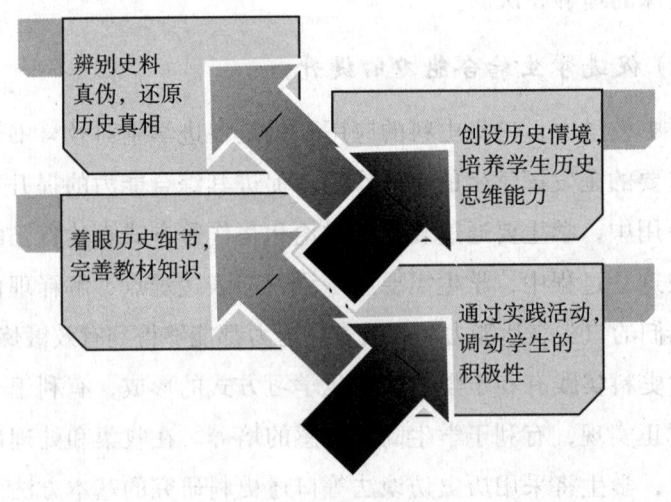

图 6-5 口述史料应用的策略

一、辨别史料真伪，还原历史真相

杜维运在其著作《史学方法论》中指出，任何一种史料，都不是完全可信，里面可能有错误，可能有虚伪，可能有私人的爱憎，可能有地方及民族的成见，不经精密的考证，即笃信不移，后患实无穷无尽。口述史料既然是历史事件亲历者或见证者的回忆，难免会受到历史时代、政治立场、社会经验等方面因素的影响，无法做到完全客观公正。因此，应用口述史料前一定要对其真实性和准确性进行仔细甄别，无论是一手资料还是二手资料，都要进行多方求证，掌握辨别史料真伪的方法技巧，尽可能还原历史真相。

口述史料直接来自事件参与者，可能包含丰富的情绪色彩和个人解释，使这些史料在真实性和客观性上呈现出一定的复杂性。了解叙述者的社会背景、个人经历以及他们所处的历史环境是评估口述史料可信度的关键因素。教师可以组织学生搜集叙述者的个人档案、所叙述事件的历史文献等相关信息，详细了解叙述者的历史背景、教育经历、政治立场等信息，判断叙述者可能存在的视角偏见和偏激观点，形成对口述史料真实性的初步判断。

教师在应用口述史料进行历史教学时，要从细节着手，分析是否有逻辑方面的错误或矛盾不合理之处。真实的口头史料叙述往往具有连贯的逻辑和细节，其不仅是对事件的罗列，还会探讨历史事件如何相互作用，揭示历史事件背后的动因。虚假的史料往往漏洞百出，经不起仔细推敲，存在前后矛盾或细节方面的模糊。教师要引导学生仔细分析口述史料中的细节和逻辑，发现其中的矛盾和不合理之处，判断其真实性。另外，还要善用其他类型的史料进行比较和交叉验证。口述史料虽然具有独特的第一手信息价值，但也可能带有主观色彩和情感倾向，与文字史料、图片史料、实物史料等其他类型的史料结合使用，能够使人们从多角度和多层面形成对历史事件的理解。一方面，可以利用多种史料对同一历史事件或问题进行正面的解释或证明,对口述史料中的描述与文字史料、实物史料等进行比较,发现不同类型史料在表达同一历史事实时的异同,帮助学生构建更加全面和立体的历史认知。如果存在吻合的部分,口述史料的可信度会大大增加。另一方面,教师可以利用史料之间的差异和矛盾来激发学生的讨论和思考。如果口述史料与其他资料存在明显矛盾,则需要进一步分析其原因,找出可能的误差或误导因素。

通过辨别口述史料的真伪,还原历史真相,学生的分析和判断能力都会得到提高,还有助于培养他们严谨科学的历史思维,使他们在复杂的历史问题中找到正确的答案,形成客观、全面的历史观。这对于他们的历史学习具有重要意义。

二、创设历史情境,培养学生历史思维能力

情境创设的目的是帮助学生理解知识,作用是创造学生便于理解的条件。历史情境的创设能够将学生带入历史场景,使他们深刻感受历史事件发生的过程,获得情感体验,提高他们的学习效果并培养他们的历史思维能力。历史情境的创设需要教师具备丰富的教学经验和创造力,借助口述史料中的细节和故事构建出丰富的历史情境,让学生通过听觉和视觉,进入历史场景。历史情境的创设不仅能使学生深入理解历史事件的本质和内涵,加深对历史事件的理解,还能培养其历史思维能力和整体的历史素养。

历史情境的创设通过两种方法来实现。第一种是问题或探究情境的创设。教师在课堂上可以借助口述史料,如通过整理和概述受访者的经历、设立引导性问题等促使学生分析并回顾教科书中的内容。对于时长较短的历史事件,口述史料一般会呈现历史事件中的个人经历,其中的某些片段和细节可以构成具体的问题情境。在这种情境创设方法中,情境与问题探究紧密相连,为学生深入挖掘历史提供了有利条件。在解决

问题的过程中,学生能够发掘历史现象和事件之间的因果、纵向和横向联系,拓宽历史视野。第二种是故事情境的创设。口述史料源于受访者的亲身经历和体验,整理这些资料便是在收集真实的历史故事。教师可以在历史课的导入阶段激发学生的好奇心,在教学过程中通过聚焦教学重点和难点帮助学生理解历史,使他们形成个人的认知框架。对中学生而言,故事情境尤其具备吸引力,因为它能够营造一个生动有趣的学习环境,使学生在轻松愉快的氛围中学习历史知识。尤其是在课堂上使用学生自行收集的口述史料,这种方法更能够建立起学生与历史知识之间的联系,增强教学的实效性。

　　历史情境的创设重要的是通过情境的营造使学生主动参与历史学习。通过口述史料中的真实故事和人物,学生能够更直观地感受到历史的真实和复杂,从而产生浓厚的学习兴趣,学到历史知识,锻炼其观察力、思维能力和表达能力,并激发探索欲望,始终保持积极的态度和高昂的热情。在通过口头史料构建的历史情境中,学生不再是被动的知识接受者,而是历史事件的积极参与者和探索者,得以拓宽视野,全面理解历史事件,培养独立思考和解决问题的能力。在情境创设中,教师要注重引导学生进行反思和总结。在每一个教学环节结束后,教师都要组织学生展开讨论和交流,让学生分享自己的学习体会和收获,促进他们对历史事件本质和内涵的了解,提升其历史思维能力。

　　多媒体技术的发展,为口头史料历史情境的创设提供了更多的可能,提高了学生对历史学习的兴趣,培养了他们的历史思维能力和创新能力。通过使用计算机技术和虚拟现实技术,历史事件和场景能够逼真地再现出来。学生能够通过虚拟的情境进行互动和体验,深入了解历史事件的过程和细节,加深对历史的理解。

三、着眼历史细节，完善教材知识

口述史料主要来自历史的亲历者对过去事件的直接回忆和见证，因其详尽的细节而独具价值，它比传统的文献史料更加关注普通人的历史体验，能够深挖历史长河中的细节。历史教学应用口述史料揭示这些细节，能够为相对枯燥的课堂注入活力，突破教科书中以精英史为主的局限，展现大众历史的视角，使课堂内容更加丰富和完整。

由于教材的篇幅和结构限制，很多重要的历史细节无法详尽展现，这时，教师就可以通过口述史料来补充和完善教科书中的叙述。通过挖掘这些细节，学生能更深入地了解历史事件的具体情境和复杂性，获得更加真实和立体的历史感知。口述史料的细节有助于学生理解历史事件的因果关系和发展脉络，通过细节分析，学生能更清晰地了解事件的背景和经过，厘清事件之间的因果关系。教师应引导学生梳理和总结这些细节，使他们明确历史事件的发展脉络，培养他们的逻辑思维能力和系统思考能力。特别是那些描述历史事件或人物细节的口头史料，生动的描述和细节的刻画使历史教学中的人物和事件更加立体、饱满，避免了过于简化和标签化的叙述，能够帮助学生从具体的细节中感受到历史的真实和生动。深入人物的生活细节和经历，让历史教科书的内容"活"起来，使学生能够在学习过程中，真正感受到历史的丰富性和复杂性，使历史不再是冷冰冰的事实，而是一种每个人都能感受到的、充满生命力的经历。为了充分发挥口述史料的作用，教师需要具备较强的资料整合能力和教学设计能力，要能够结合教材内容选择具有代表性的口述史料，设计相应的教学活动。例如，组织学生进行分组讨论，使学生从不同角度分析和理解口述史料中的细节，全面了解历史事件的背景和过程。在讨论过程中，学生的分析能力和表达能力得到了有效提升，团队合作精神与沟通能力也得以加强。

四、通过实践活动,调动学生的积极性

实践活动作为一种有效的教学方式,能够有效激发学生的学习兴趣和积极性,特别是在教学口述史料的应用中。实践活动能够使学生亲身体验和感受历史,在具体的活动中加深他们对历史知识的理解和记忆。通过实践活动激发学生的学习积极性侧重史料实证,强调学生应客观对待历史,重视对历史材料的挖掘和辨析。除了参与传统的课堂学习,学生要积极加入更具探究性的史料教学活动。口述史料的探究性活动具有实际操作性,组织学生进入社区或家庭,直接从源头收集历史资料。这种亲历式的学习过程加深了学生对历史的理解,锻炼了他们的组织能力与合作探究能力。

教师通过组织学生进行口述史料的收集和整理,让学生成为历史研究的参与者。通过实际采访,学生能接触到不同的历史视角和观点,了解历史事件的复杂性和多样性,学会如何进行史料的收集和处理,还能通过与被采访者的交流感受到历史的鲜活和生动。教师带领学生走出校园、进行实践活动前要做好充分的准备:其一,向学生传授关于口述历史和史料的基础知识,口述史料的辨别、技术训练和访谈技巧的教授也是必不可少的;其二,根据教学目标选择合适的主题,并帮助学生确定适当的受访者,确保其所得史料的真实性和有效性;其三,教师要帮助学生制订详尽的访谈计划和提纲,由于中学生的历史知识和逻辑思维尚未成熟,教师的指导尤为关键。

在实践活动中,教师不仅是知识的传授者,更是学生学习的引导者和支持者。教师在活动过程中要给予学生充分的指导和帮助,通过设立一些学习任务和目标,引导学生在活动中进行自主学习和探究,激发他们的学习热情和探索精神,使他们在实际操作中不断提升自己的能力。在实地访谈阶段,教师需要指导学生保持适当的礼仪,保持客观立场,并注意不让个人情感影响受访者的表述,保证数据的客观性和有效性。

◎历史教学中史料应用研究

访谈结束后,教师要督促学生将访谈内容整理成文字记录,并与其他历史资料,如文献和图片等一同进行甄别和筛选。学生将在小组展示中呈现成果,教师对此进行总结并存档筛选后的资料。这一环节是学生理解、操作史料,以及接受同伴反馈的重要实践,教师在这一环节的角色也十分关键,他们不仅要总结学生的展示,评估其准确性和深度,还要对学生的工作进行整理和存档,确保所有珍贵的口述史料得以保存,为未来的教学和学习提供资源。

这样的实践活动促进了学生自主合作与探究能力的提升,极大地丰富了历史教学资源,使历史课堂更加多元和灵活。通过直接参与历史材料的收集和分析,学生学会了从更加生动和深入的角度理解历史、更好地掌握历史知识,增强了他们的历史思维能力和实践能力,培养了学生的实践能力和创新精神。这种基于实践的学习方式,将历史知识与实际生活紧密结合,使学生在学习过程中获得更加丰富和全面的发展。

第七章 历史教学中特色史料的应用

第一节 乡土史料的应用

一、乡土史料的概念与特点

（一）乡土史料的概念

要弄清乡土史料的概念，需要对乡土的概念进行了解。乡土指的是人们日常生活的地方，包括城市、乡村等，这一地方与人们的生活、文化、习俗紧密相关。简单来说，乡土就是属于个人所居住地区的一切自然和人为的环境。在乡土中，人们通过长时间的生活和互动，形成了独特的地方认同感和文化归属感。乡土不仅是人们物质生活的场所，也是人们精神生活的重要来源，人们能够在乡土中感受到归属感和安全感。乡土的概念涉及地理位置、人文历史、社会结构等多个维度。从地理位置来看，乡土可以是一个具体的村庄、城镇或城市，也可以是一个更大的区域，如一个省或一个国家的某一特定部分。从人文历史来看，乡土包括地方的历史事件、名人故事、传统习俗等，这些都是地方历史文化的重要组成部分。从社会结构来看,乡土反映了地方的社会关系、家庭结构、社区互动等,这些因素共同构成了地方的社会生态。

由乡土的概念可以引申出关于乡土史料的概念。所谓乡土史料,指的是家乡的历史,它包括政治、经济和文化的发展以及历史上人类活动的遗址、文字资料和口传资料。具体到历史教学,乡土史料多指历史教学中与当地相关的历史资源。乡土史料与历史教科书内容有一定衔接,包含教师和学生都较熟悉的历史细节,获取方便,能够丰富课程内容,避免教学内容的单一化和不适应性。在选择乡土史料时,教师要确保这些史料符合历史课程的标准,能够满足教学需求,培养学生的核心素养,激发学生的历史学习兴趣,增强他们的爱国和思乡情感。

（二）乡土史料的主要特点

深入了解乡土史料的特点,教师能够更好地把握其在历史教学中的作用,促进历史教育的全面发展。乡土史料的特点主要体现为地域性、真实性、丰富性、文化传承性（见图7-1）。

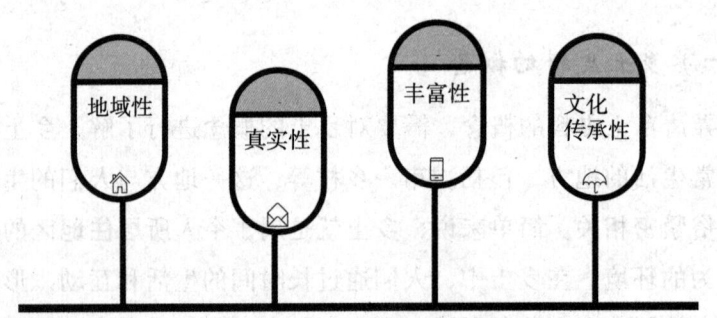

图7-1 乡土史料的主要特点

1. 地域性

乡土史料取材于当地独有的文化、历史事件和人物,具有浓厚的地方色彩,反映了本地的社会风貌、文化背景和地域特点。乡土史料选取的多为学生周围或者学校所在地及附近的历史事件和社会生活,展现了独特的地域文化,有助于学生更好地理解本地的历史和文化,培养他们的乡土情怀和历史责任感。地方性故事和历史事件的详细讲述,容易让学生产生代入感和亲切感,拓宽他们的知识面,激发他们对历史学习的兴趣和热情。

2. 真实性

乡土史料大多由当时的地方文人、学者、政府官员或民间艺人记录,未经多次传抄或篡改,保留了大量的原始信息,具有很高的真实性,对历史研究和历史教学都具有很大的参考价值。在历史教学中,教师需要从大量的原始历史信息中仔细甄别,挑选出与教学内容相贴合的乡土史料。只有真实的乡土史料才能够为学生提供具体而有特色的历史情境,使他们切身感受身边发生的历史。在对真实历史史料进行解析的过程中,学生能够培养严谨的历史思维和科学的求证态度,提高分析问题和解决问题的能力。

3. 丰富性

乡土史料是以文字记载、口述传说、民间故事、地方戏曲、民谣、地方志等多种形式流传下来的历史资料,能够从多个角度展示地方文化,学生能够通过乡土史料对本地区的历史文化进行立体而全面的了解。丰富的乡土史料为历史教学提供了大量资源,既可以作为辅助资源对课堂教学内容进行辅助,也可以作为相关主题,让学生进行实地考察和深入研究。形式多样的丰富资源也为教师提供了多种教学手段和方法。例如,通过展示老照片和地方工艺品,教师可以让学生直观地感受历史;通过聆听民谣和地方戏曲,教师可以让学生感受历史的韵味和文化的传承。这种多样化的教学方式,有助于激发学生的学习兴趣和参与热情,提高课堂教学的效果。

4. 文化传承性

乡土史料作为地方文化的重要载体,具有典型的文化传承性特点。

乡土史料记录了地方传统文化的精髓,对地方独特的历史记忆和文化符号进行了传承和弘扬。通过对乡土史料的学习,学生能够深入了解地方文化的起源和发展,以及历史事件的细节和发展过程,感受地方文化的传承脉络,认识文化传承的重要性,从而使文化认同感和自豪感得到提升。

二、乡土史料应用的意义

乡土历史作为区域性历史教学资源,能够有效沟通历史与现实,契合史料实证素养对于重现历史真实的态度要求。乡土史料具有丰富性、地域性和便宜性特征,有利于学生在实地考察或近距离接触中培养实证精神和理性主义。随着乡土史料在历史教学中的广泛应用,其意义也日益凸显,具体体现在以下几个方面(见图7-2)。

图7-2 乡土史料应用的意义

(一)激发学生学习兴趣

在历史学习过程中,单一的教材资源很难调动学生的积极性和主动性,容易使历史教学陷入被动局面。当生活中的历史被挖掘开发成历史课堂生动而鲜活的素材时,就可以在无形中培养学生的历史意识和历史情感。①中学生尚处于抽象思维和逻辑思维的发展阶段，对抽象、深奥的历史概念和历史事件理解起来具有一定困难，这对他们的历史学习造成了一定的困扰，打击了他们对历史学习的兴趣和积极性。而乡土史料更加贴近学生的生活，其在历史教学中的应用能够为学生提供形象具体、直接感知的资料，使复杂的历史概念和历史事件更容易被理解，使枯燥的历史知识更具有亲切感，激发学生的学习兴趣。

历史事件的发生由于年代久远或者地域模糊，会给学生带来时空方面的距离感，学生理解和学习起来都比较困难。教师在历史教学过程中穿插学生比较熟悉的乡土史料，能够拉近历史与现实之间的距离，以身边的历史为切入点，以小见大，使学生感受到不同的历史视角，体验和感受历史，产生情感共鸣，从而激发对历史学习的兴趣。兴趣是最好的老师，教师只有激发学生对历史学习的兴趣，才能使他们将注意力用于课堂学习，产生对历史事件及其背后原因一探究竟的欲望，促进他们对历史知识的掌握和自身教学水平的提高。

（二）促进教师专业成长

历史教学目标的实现和教学质量的提高离不开教师的教授和指导。随着教学改革的深化，教师需要转变理念，不断提高自己的核心素养和专业技能，实现个人的专业成长。在传统教学中，教师主要扮演着四类角色：学生学习内容的供应者、学生学习活动的引导者、其他活动的组织者以及课程标准的执行者和教科书的讲授者。②教师的专业成长不能一蹴而就，需要在实践中不断摸索，充实自己的历史知识储备，创新教学手段和方法。乡土史料的应用要求教师熟知本地区的乡土史料，并能够在历史教学中灵活运用，形成系统、规范的知识体系。丰富的乡土史料

---

① 朱汉国，郑林.新编历史教学论[M].上海：华东师范大学出版社，2008：35.
② 段兆兵.课程资源开发与利用：原理与策略[M].芜湖：安徽师范大学出版社，2011：141.

使学生能够接触到内容各异、多种多样的历史知识，也能够促使教师不断提高自己的历史素养，促进自身的专业成长。

（三）丰富课程资源

我国地域辽阔，历史资源丰富，教科书囿于教学需要和篇幅，无法涵盖所有的历史。乡土史料的应用能够作为教材内容的有益补充，其多元化的内容能够增添历史的生动性和趣味性，更好地活跃历史课堂气氛，丰富课程资源。乡土史料是发生在学生身边的本土史实，许多历史事件、历史人物等在民间口耳相传，学生对其并不陌生，能够使学生产生亲近感，教师在教学过程中，结合教学内容适当引入乡土史料，能够帮助学生理解抽象的历史概念和抽象的历史事件。

历史课堂的开展不仅局限于校园，教师还可以组织学生到当地的博物馆、档案馆、历史经典等地方搜集本土史料，感受本土历史，加深学生对历史知识的记忆和理解。这类活动不仅能够丰富课程形式和内容，促进学生对本土历史的了解和掌握，还能够提高学生的资料查阅、搜集水平，提高他们的综合素质和能力。

（四）增强学生家国认同感

乡土史料在历史教学中的应用能够帮助学生了解本土历史，产生对家乡的热爱之情，进而将这种感情升华为爱国之情。教师在授课过程中，要善于利用乡土史料中的资源，为学生提供多元化的内容及多方面的历史信息，使其对本土历史有清晰的认知。教师要通过让学生体验和感悟本土历史，调动学生历史学习的积极性，唤起学生情感上的共鸣，促进学生对家乡的热爱和认同。

乡土历史是我国历史发展进程中的重要组成部分，是对本土历史的真实、全面呈现。历史教学的目的是使学生在了解本土历史、掌握乡土史料相关知识的基础上，能够由局部到整体，构建整体的历史格局。生动形象的历史课程资源一定会在很大程度上激发出学生学习历史的兴趣，这是传统单一的课程资源无法企及的。学生对家乡的过往历史、名人事迹等具有熟悉感和天生的亲近感，在历史课堂教学和课外活动引入这类乡土史料，能够使学生深入了解家乡历史，培养对中华优秀传统文化的热爱，英雄人物、历代先贤的事迹也会对他们良好品格的形成产生潜移默化的影响，能够增强他们的家国认同感。

三、乡土史料的具体应用策略

乡土史料在历史教学中的具体应用策略包括新课导入中的采用、课堂教学过程中的渗透、实践活动的开展等。这些策略的实施能有效提高历史教学的质量和效果，培养学生的历史素养和综合能力（见图7-3）。

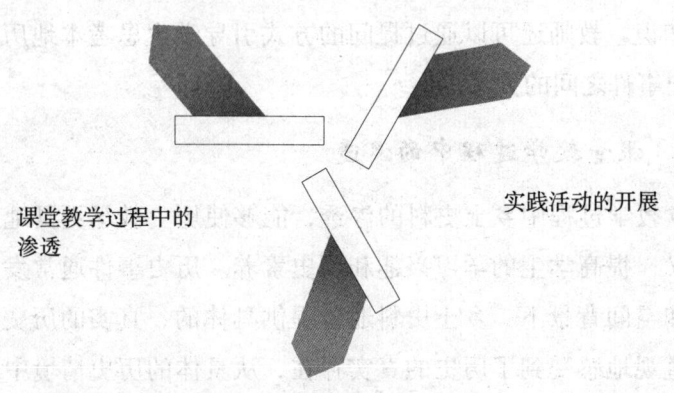

图7-3 乡土史料的具体应用策略

（一）新课导入中的采用

新课导入作为课程的开端，是整个教学流程的关键步骤，它是连贯前后的知识点，也是提升学生学习动力的关键因素。乡土史料作为一种独特的教学资源，与学生的生活环境紧密相关，使学生更容易理解和接受新知识，激发他们的学习兴趣和探索欲望。对于历史教学而言，在新课导入中应用乡土史料能迅速吸引学生的注意力，并顺畅地将他们引入新的学习主题，使他们在熟悉的背景下更好地理解和掌握新的历史知识。

一个精心设计的课程导入能够有效提高学生的学习效果。教师利用故事叙述、实验演示、音乐欣赏、情景模拟、问题讨论等多种导入策略，可以显著激发和提高学生的学习热情和课堂参与度。特别是乡土史料的应用，如介绍本地的历史遗迹、著名事件或人物等，能让学生感受到历史的生动性和亲近性，缩短学生与学习内容的距离，增加他们对历史的兴趣和归属感。通过展示乡土史料，教师可以创设生动的历史情境，使学生身临其境，感受历史事件。例如，教师可以在讲解战国时期的战争时，为学生展示与本地相关的战国时期的文物或遗迹照片，让学生在具体的历史环境中感受当时的战争场景，激发他们的学习兴趣和探究欲望。这样的导入方式不仅能够引起学生的共鸣，还能够使他们更容易接受和理解新知识。教师还可以通过提问的方式引导学生思考本地历史事件与全国历史事件之间的关系。

（二）课堂教学过程中的渗透

课堂教学过程中乡土史料的渗透，能够使历史教学更具地方特色和实际意义，提高学生的学习兴趣和历史素养。历史事件通常发生在特定的时间和空间背景下，乡土史料通过提供具体的、真实的历史情境，使学生更直观地感受到了历史的真实存在，从具体的历史情境中理解事件的背景、过程和结果。这种具体化的教学方式，能够帮助学生理解抽象的历史概念，增强他们对历史事件的记忆。

教师可以围绕乡土史料设计小组讨论、角色扮演、模拟历史情境等多样化的教学活动，增强课堂教学的互动性和趣味性，培养学生的合作能力和表达能力，增强他们对历史知识的理解，提升他们的应用能力；还可以通过展示多种乡土史料，组织学生对这些史料进行分析和讨论，从中发现不同史料之间的异同点，理解其背后的历史原因和影响，帮助学生形成科学的历史观,提升他们的历史思维能力和综合素养。课堂教学中乡土史料的渗透有利于增强学生的文化认同感和自豪感。教师在课堂上展示本地的历史文物、古建筑照片,讲述这些史料所承载的历史故事和文化意义,能够使学生在学习过程中感受到本地历史文化的独特魅力,更好地理解和认同自己的文化身份,增强对本地历史文化的热爱之情。这种文化认同感的培养有助于学生的历史学习,能够增强他们的社会责任感和文化自信心。

教师在备课过程中,可以搜集和整理本地的乡土史料,并将其作为课堂教学的重要资源灵活运用于教学,设计更加生动、有趣和富有启发性的历史课程,提高历史课堂的教学效果和学生的学习兴趣。教师在应用乡土史料前要进行科学的分析和合理的筛选,确保所用史料的准确性和可信度,这需要教师具备较强的史料解读能力,能够将复杂的历史信息转化为学生易于理解的知识点,使乡土史料在课堂教学中发挥应有的作用。

(三) 实践活动的开展

教师在历史课堂上应用乡土史料时,应该设计和组织各种实践活动,带领学生走出历史课堂,深入实地考察,使学生在真实的历史情境中进行学习和探究。教师要帮助学生了解本土历史文化的特色,使他们巩固所学的历史知识,亲身感受本地乡土史料的魅力,激发他们对家乡的热爱之情,使他们更好地理解和掌握历史知识,提高历史课程的学习效果。

一方面,教师可以带领学生参观本地的历史遗迹、博物馆和纪念馆等地方,使学生在真实的历史环境中感受历史的存在和变迁,增强学生的历史真实感,激发他们的学习兴趣。通过实地考察,学生能够更加直观地理解历史事件的背景和意义,增强他们对历史的感知和认同。在开展实践活动时,教师要结合课堂教学内容设计与乡土史料相关的探究性学习任务。例如,引导学生利用乡土史料进行小组合作探究,通过查找、分析和整理本地历史资料，完成历史小论文、研究报告或历史剧本等任务。这种探究性学习能够加深学生对历史知识的理解，培养他们的资料搜集能力、分析能力、合作能力和表达能力。另一方面，排演历史情景剧是有效的乡土史料实践活动。教师可以根据本地历史事件和人物事迹编写剧本，并组织学生进行排练和表演。学生通过角色扮演和情景再现，能够体验历史事件的发生过程，了解人物的思想情感，增强他们对历史的感知和理解。在排练过程中，学生需要查找和分析相关的乡土史料，理解历史背景和人物性格，完成这一实践活动后，他们的史料分析能力和历史思维能力都会得到很大提升。

在实践活动开展过程中，教师要注重对学生探究能力和创新能力的培养，鼓励学生在活动中提出问题、发现问题，这是促使他们主动学习和思考的关键步骤。教师要设计开放性的活动，允许学生在探究过程中自由表达自己的想法和疑问。这样的设置增加了学生学习的互动性，有助于促进学生通过合作来共同探讨和解决问题。学生在解决问题的过程中，探究能力和创新能力都会得到有效提升。

第二节　诗词史料的应用

诗词具有独特的语言魅力和深刻的思想内涵，它不仅仅是一种文学作品，更是一种历史教学资源。通过学习诗词，学生可以观察到真实的历史事件和社会现象，体会古人丰富的情感和思想。教师在教学过程中合理地选取和应用诗词史料，能帮助学生更直观地了解历史，使他们深入理解历史事件和历史人物，增强他们的历史思维能力，提升他们的人文素养。

一、诗词史料的独特价值

诗词史料具有独特的历史价值、美育价值、人文教育价值,能有效提高历史教学的效果,提高学生的文化素养和人文素养(见图7-4)。

图7-4 诗词史料的独特价值

(一)诗词史料的历史价值

诗词作为历史文献的一种特殊形式,承载着丰富的历史信息和文化记忆,诗词中的每一个字、每一个意象都可能成为解读历史的重要线索。诗词史料反映了中国古代政治、经济、社会生活等多方面的情况和历史信息,是人们了解古代历史文化的重要途径。

诗词史料中有很多作品描绘了农业、手工业和商业的发展,反映出经济状况对社会结构和日常生活的深远影响。例如,丘为的《题农父庐舍》生动地描写了唐代农民的劳作场景,展示了我国当时农业的发展水平和农民的生活状况;彭汝砺的《送许屯田》反映了宋代陶瓷业的技术革新和艺术表现,通过这些描述,学生能够感受到经济活动对社会和文化的推动作用。古人对社会生活的描述在诗词史料中也占有很大比重。

这些文学作品记录了王朝的繁荣与普通民众的日常生活，社会上层的奢华与底层人民的苦难。中国古代诗词中不仅有对历史大事件的记载，更有对小人物生活细节的关注，这使历史更为生动而真实。

（二）诗词史料的美育价值

诗词作为一种高度艺术化的文学形式，能对学生起到潜移默化的艺术熏陶和审美影响。诗词史料的美育价值主要体现在以下几个方面。

1.音韵之美

古代诗词讲究格律和韵律，通过平仄、押韵等手法，创造出和谐、优美的音律效果。诗词的一个显著特点就是韵律感，韵律是语言交际的必要手段，它可以为听者在语法结构和语义上提供更为清晰的理解方式。[①]诗词的音韵美不仅包括声韵的和谐，还包括节奏的抑扬顿挫和语调的铿锵有力。诗词史料中的古诗词能够使学生体会到语言的音乐性和节奏感，为学生带来听觉上的享受，激发其情感和想象，使其产生美的共鸣和愉悦。诗词的音韵美也能激发学生对语言学习的兴趣和热情，增强他们对汉语言文化的认同感和自豪感。

2.语言之美

诗词讲究语言的精练和典雅，辞藻丰富优美，句式的对仗和变化、修辞手法的运用都具有独特的美感。诗词史料朗朗上口的语言不仅能够为学生提供历史方面的信息，还能够为学生带来审美享受。学生在学习过程中，能够掌握和运用丰富的辞藻和多样的句式，提升自己的语言表达能力和文学修养。

3.意境之美

诗词的意境之美是诗词史料艺术魅力和文学价值的最高体现。古代诗词讲究意境的创造，通过景物描写、情感表达和哲理思考营造出深远、

---

① 谭阳刚.中国古诗押韵审美心理研究[D].兰州：西北师范大学，2018.

含蓄和优美的意境效果。通过一个个诗词意境的创设，教师可以引导学生在诗情、诗境、诗魂中去追寻诗词隐含的史实、史论、史训，并要求学生对这些内容进行归纳分析，训练学生的创新思维。诗词史料通过融景于情，提高学生的审美能力和艺术素养，增强学生对美的感知和理解。诗词对历史事件和历史现象的描述也能引导学生进行深刻的思考，使他们深究历史事件背后的原因和社会影响，培养他们的精神境界和历史思维。

（三）诗词史料的人文教育价值

古诗词是中华优秀传统文化的重要组成部分，内容涉及历史、文学、哲学、美学等多个学科领域，承载着深厚的人文价值。诗词史料的应用丰富了教材的内容，成为培养学生人文素养的宝贵资源。诗词史料以其独特的艺术形式和深刻的情感表达，为学生提供了理解历史、感悟人生的独特视角，能够有效地提升课堂的文化氛围，引导学生建立正确的价值观和历史观。

诗词史料中蕴含着丰富的生活思考和人生智慧，作者通过对自然、人生和社会的观察和思考，表达自己对世界的理解和对人生的感悟。学生在学习这些诗词时，能够从中获得思想的启迪和智慧的启示，培养自己的思维能力和人生观念。例如，苏轼的《定风波》是其在经历政治纷争之后人生态度的缩影。这首词在反映历史信息的同时表达了作者乐观豁达的生活态度和逆境中个人迎难而上的精神，为学生树立了在困境中依然保持心态平和的典范。再如，杜甫的《春望》表达了他对国家的深切关怀和哀痛，通过"国破山河在，城春草木深"，展示了诗人在国难当头时的情感与思考。教师在利用这些诗词史料展开教学时，要引导学生深刻理解历史背景，激发他们的爱国情感。

教师要充分利用史料中的人文资源加深学生对历史与文化的理解，提升学生的历史认知，强化他们的人文素养，使学生在历史学习中培养对国家、民族的深厚感情与自信心。

二、诗词史料应用的重要性

教师对诗词史料的运用能够使历史课堂焕发生机和活力,是对历史教学的新探索和有益尝试,其重要性体现在以下几个方面(见图7-5)。

图7-5 诗词史料应用的重要性

(一)激发学生的学习热情

对于中学生来说,历史学科是他们在小学阶段并未接触过的新课程,因此,学好这门新课程的关键是使他们产生学习热情,促使他们将更多的时间和精力投入历史学习。诗词史料的引入不失为一个好办法,这是因为独具魅力的诗词史料能够满足学生的好奇心、求知欲,其精练的篇幅、优美的文字和韵律为历史教学提供了极大的便利。诗词史料短小精悍的形式为历史教学节省了大量的时间,更容易为学生所接受,短短的几句诗文就能展现深厚的历史内涵。

诗词史料中蕴含人生的悲欢离合,能够通过优美的意境来补充历史的细节,为学生创造适宜的历史学习环境,使学生更直观地感受到历史的魅力。诗词中的语言之美和丰富的情感表达还能够引导学生进入一种沉浸式的学习状态，使他们主动探索历史的脉络和细节，激发他们的学习兴趣。诗词所营造的历史氛围能够使历史知识变得生动有趣，增加了历史课的趣味性，使学生在寓教于乐的教学氛围中更加愉快地学习历史，提高历史教学的效果和效率。诗词史料还具有独特的艺术感染力，通过诵读和欣赏诗词，学生能够在情感上与历史人物产生共鸣，从而更加深刻地理解历史事件。例如，通过诵读李白的《将进酒》，学生可以感受到唐代的繁荣与文化自信，从而激发自己对那个时代的向往和探究欲望。这种情感上的共鸣有助于提高学生的学习兴趣，促使他们对历史进行深入的理解和思考。

（二）促进教师的专业发展

教师在历史教学中的作用非常重要，其专业素养会对课堂教学效果产生很大的影响。随着现代教育的发展，我国对教师的素质和专业素养提出了更高的要求。历史是一门融合地理、政治、文学等多种学科知识的综合学科，这就要求历史教师重视自己的专业发展，不仅要精通历史教学，还要形成其他学科的知识体系，了解历史与其他学科如文学、哲学的交叉点，掌握教育学和心理学的相关理论等。历史教师丰富的知识储备能够更好地适应不同学生的认知水平，灵活地调整教学策略。

诗词史料在历史教学中的融入对教师文学素养的提升和教学方法的创新大有裨益。一方面，诗词史料为历史教学提供了丰富的教学素材，教师在探索和应用这些诗词的过程中，不仅能够帮助学生深入理解历史，还能够促使教师自身在文学和历史知识结构上的完善。另一方面，诗词史料的应用能够助力教师职业能力的提升。教师的专业能力包括语言表达、课程开发、课堂管理等方面，是衡量其教学质量的关键指标，优美而富含哲理的诗词史料不仅能提升教师课堂语言的艺术性，还能增强教师的课堂控制力和学生的学习动力。教师与学生在学术探讨中形成了互动和共进的关系,学生在探究诗词中的历史意蕴时,可能会在某些领域的知识积累上超越教师,这就会激励教师进一步拓宽自己的知识边界。这种教学方式不仅丰富了学生的学习体验,也成了教师专业成长的催化剂,通过双向互动,教师不断提高自己的教学水平和专业素养,学生有了历史学习的动力,有助于形成良性循环。

在教学过程中,教师需要不断学习,更新自己的知识储备,以便更好地应用诗词史料进行教学。这一过程能够提升教师自身的专业素养,全面考验其教学能力,促使教师不断学习,以掌握更多的诗词史料,并在教学中灵活运用,有利于教学效果的提升和教师的专业发展。

(三)构建高效课堂

高效课堂指在有效课堂的基础上,完成教学任务和教学目标的效率较高、效果较好,并且取得教育教学的较高影响力和社会效益的课堂。为了响应教育改革,教师普遍致力于建设高效课堂,以达到更好的教学效果和更高的学习效率。高效课堂的实现并不是一蹴而就的,需要教师深入挖掘科学教育理念,从微观细节做起,真正实现以学生为中心。具体到历史教学,教师不仅要完成传授历史知识与技能的任务,更要关注学生的精神发展,全面提升学生的身心素质。诗词史料应用于历史教学对于高效课堂的构建具有独到的价值,能极大地提高教学效率。

历史课程教学目标对学生的知识、能力、情感、态度、价值观的培养提出了全面的要求。诗词史料的应用能够促进课程目标的实现,作为一种历史的文学表现形式,诗词史料能够增强学生对历史场景的想象力,提高其阅读和分析历史材料的能力。同时,诗词中所蕴含的深刻意识形态和时代特征为历史教学提供了丰富的史料价值,能够深化学生对历史事实的理解,帮助他们形成正确的历史观念,提升他们的历史学习素养。教师可以选择一些难度适中的史料,引导学生理解诗词,锻炼学生的阅读和分析能力,使他们独立提取历史事实,促进高效课堂的构建。

在历史教学中，学生情感、态度、价值观的培养单纯依靠教师对教材内容的讲授很难实现，因此，诗词史料的应用显得尤为关键。这是因为诗词史料深植于中国的传统文化土壤，浸透了丰富的情感和强烈的民族精神，能够为中学生的情感教育提供强有力的支撑。将诗词史料纳入历史教学，可以借助其深刻的文化内涵和情感表达来强化学生对中华优秀传统文化的认识和尊重，有效地传达积极向上的情感，培养学生的民族自豪感和责任感。教师要选择那些能够表现历史人物高尚品格或反映历史进程中民族精神的诗词，如《离骚》中屈原的爱国情怀和忧国忧民的精神、《满江红》中岳飞抗金壮志的情感表达等，使学生在感受诗词史料文学魅力的同时，体悟到爱国精神和情感，拓展他们对历史的认知，促进他们个人价值观和态度的积极发展。这样的诗词史料能够补充课本中的史实，还能为学生提供情感和价值观的引导，使他们在学习历史的过程中形成正确的历史观和价值观。现如今，历史教学不再是枯燥的事实记忆，而是充满情感和意义的学习体验，能够培养学生对传统文化的认同感和尊重，提高历史课堂教学的有效性，实现教育目标。

诗词史料的应用对增强师生互动、提升课堂的参与性和民主性也具有很大帮助，这也是高效课堂达成的关键因素。与传统的讲授式教学相比，情境教学能更容易被学生认同和接受。教师在应用诗词史料时，通过设置问题情境逐步引导学生深入思考和主动探究，有效改变了学生对历史学习的态度，促使他们积极参与课堂活动，有助于营造轻松愉快的课堂氛围，增强学生的主体意识和自信心，实现真正和谐高效的课堂。

（四）培养学生的历史思维

诗词史料在历史教学中的应用还能够培养学生的历史思维，这主要体现在应用诗词史料展开历史教学不是让学生通过机械记忆来学习历史，而是使他们通过批判性地分析、比较和反思历史，形成对历史更深刻、更全面的理解，有效提升他们的历史思维能力。

古代诗人利用诗词记录和反映历史，他们的作品如同一扇窗，透过这扇窗，后人可以窥见历史的真实面貌。诗词史料的应用对于理解历史的多样性和复杂性，以及促进学生形成全面、客观的历史观是非常重要的。通过了解诗词史料中不同诗人对同一事件的描述和看法，学生能够看到历史事件的多面性，学会从多角度思考问题。这种多维度分析能力是历史思维的重要组成部分，能够帮助学生在面对复杂的历史问题时，进行全面、深刻的分析和判断，加深他们对事件的理解，锻炼他们的批判性思维能力。学生在诗词史料中获得的情感体验，能够使他们更深刻地理解历史人物的内心世界和所处时代的社会氛围，产生情感方面的共鸣。这种情感上的共鸣能够使学生感知历史的温度，激发他们对历史的深入思考。教师要善于引导学生的这种情感体验，在感性认识的基础上帮助学生进行理性分析，使情感与理性相结合，培养学生的历史思维能力。

诗词史料还能帮助学生理解历史的连续性和变革性。通过研究不同历史时期的诗词，学生能够理解历史不是孤立的事实，而是一系列相互关联的事件和人物的动态展现。在这一基础上，学生能够建立宏观的历史视角，以更理性、更广阔的目光观察并评价历史，思考历史的持续影响，形成对历史的深刻认识。

三、诗词史料应用的原则

在具体应用过程中，教师需要遵循一定的原则，确保诗词史料的有效性和适用性。以下是诗词史料应用的四个主要原则（见图7-6）。

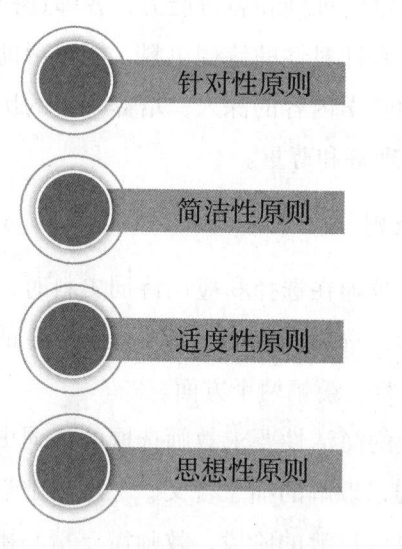

图 7-6　诗词史料应用的原则

（一）针对性原则

针对性原则强调教师在明确教学目标和教学要求的基础上，综合考虑中学生的认知能力、接受程度、历史思维能力和人文素养等问题，尽可能广泛地、有针对性地筛选具有代表性的诗词史料。

诗词具有强烈的艺术色彩和文学性，其作为史料，史学价值往往被掩盖。诗词中的历史事实多采用比喻、象征等艺术手法来隐晦呈现，因此，其中可能存在信息的省略或隐喻，使部分诗词史料的价值不易一眼看出。教师在筛选和应用诗词史料时，要结合历史教学目标和教学要求，综合考虑诗词史料的教育价值和学生的理解能力，挑选那些能够紧扣教学主题、符合学生认知能力和实际需求的诗词。教师对诗词史料的认识不能只停留在文学欣赏的层面，而应该有针对性地将其与具体历史事件和历史背景联系起来，使学生在欣赏诗词美的同时，深化他们对历史事件和历史现象的理解。

中学生已具备一定的批判和思辨能力，教师选择那些符合他们认知特点和接受程度的、有针对性的诗词史料，能够帮助学生构建历史与文学之间的联系，推动教学内容的深入，培养学生的历史思维能力，深化他们对历史和人文的理解和尊重。

（二）简洁性原则

简洁性原则强调教师在选择和应用诗词史料时，要充分考虑学生的认知水平和接受能力，选用的诗词史料要便于学生的理解和掌握。简洁性原则主要体现在内容、篇幅两个方面。

一方面，内容上的简洁性要求教师选取的诗词史料应简单易懂，避免过于复杂或含有难以理解的抽象含义。考虑到中学生正处在由具体形象思维向抽象逻辑思维过渡的阶段，教师需要精心挑选那些语言表达简单、主题明确的诗词史料，使学生在学习过程中能快速把握诗词的核心意义，有效避免由于语言障碍导致的理解误差，提升对历史知识的掌握和理解。另一方面，篇幅上的简洁性原则强调历史课堂所应用诗词史料的短小精悍。历史课堂教学时间有限，教师要在这段时间内完成教学目标，就要优先考虑那些篇幅较短、内容富有教育意义、适合在课堂上快速讲解和分析的诗词。对于那些篇幅较长、信息量较大的诗词，教师可以根据教学内容需要，选择其中的关键片段进行讲解，以此来保证课堂教学的连贯性和高效性。例如，在探讨盛唐时期的社会和文化时，教师可应用王建的《凉州行》和元稹的《法曲》来帮助学生了解盛唐时期的相关历史。但这两篇诗词的篇幅都比较长，若全篇引用会打乱课堂教学的节奏，影响课堂教学效果。若教师仅讲解两首诗词中的精彩片段，则能够使学生迅速获得关于盛唐时期民族融合和社会风貌的历史信息，减轻学生的阅读负担，避免学生因材料过多而导致的注意力分散。

（三）适度性原则

为了确保诗词史料真正服务于历史教学，而不是让历史课变成文学课，教师必须在进行教学设计和史料选择时遵循适度性原则。适度性原则主要体现在两个方面。一方面是诗词的使用频率要适度。诗词史料的应用固然可以丰富课堂内容，增加学生学习的趣味性，但过多的诗词内容可能会占据较长的课堂时间，影响历史教学内容的传授和教学任务的完成。因此，教师应控制好历史课堂上引用诗词史料的次数，确保诗词史料的引入真正有效支持历史教学的核心内容，不至于偏离主题。另一方面是诗词史料难易程度要适当。教师在选择诗词史料时，要选取那些语言和内容与学生的认知能力相匹配、便于学生理解的诗词史料，避免使用那些文言文过于艰深或含义模糊的古诗。选择内容清晰、情感表达直接的诗词史料，可以使学生在享受文学美感的同时，加深对历史事件和历史人物的理解。

（四）思想性原则

教师在应用诗词史料时要注意加强学生对历史知识的理解和记忆，更要注重所选用诗词史料的思想性，引导学生形成正确的历史观。特别是初中学生刚开始接触历史学科的阶段，他们还没有形成历史性思维和唯物主义史观，因此，教师在选取和应用诗词史料时需要特别注意其深远的思想性和对学生的积极引导作用。

诗词史料反映了作者对当时社会政治状况的思考和感悟，其中不乏展示历史唯物主义观点的佳作。例如，在探讨东汉兴衰的教学中，教师可以引入张养浩的《山坡羊·潼关怀古》。这首词简洁而深刻地表达了"兴，百姓苦；亡，百姓苦"的历史观，揭示出封建社会无论如何更迭，普通百姓始终处于被剥削的困境。通过这样的史料，教师可以帮助学生认识社会变迁背后的客观规律，培养他们辨识历史发展趋势的能力。教师还要选用富含家国情怀与道德教化价值的思想性、教育性强的诗词史料，以此来强化历史学科的德育功能，帮助学生在理解历史事件和历史人物、学习历史知识的同时，形成正确的世界观、人生观和价值观，促进学生核心素养的全面发展。

需要注意的是，并不是所有的诗词史料都富含思想性，也不是所有的诗词史料都能够用于历史教学。许多诗词由于受到时代背景和个人观点的影响，可能会包含阶级偏见或反映不健康的思想情绪，可能会使学生形成错误的价值观，应当在教学中予以避免。在历史教学过程中，教师要对诗词史料进行严格筛选，确保所选材料能够正确引导学生，使他们形成科学的历史观和健康的价值观。教师合理利用具有丰富思想内容的史料，不仅能够有效地传授历史知识，还能够深化学生的历史理解，培养他们的独立思考和批判性分析能力，这是历史教学中不可或缺的一部分。

四、诗词史料应用的具体策略

教师需要在诗词史料应用实践教学中运用多种策略，将诗词史料有效地融入教学过程，培养学生的审美情趣和综合素质。诗词史料应用的具体策略包括课前准备、课堂导入、教学渗透、课堂小结等（见图7-7）。

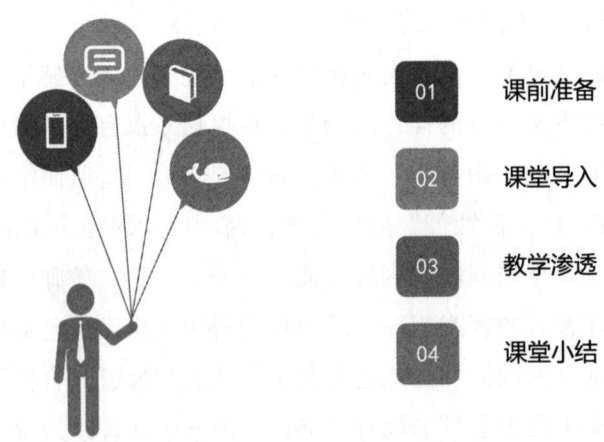

图7-7　诗词史料应用的具体策略

（一）课前准备

课前准备环节一般指的是教师的备课及学生的预习环节，这是教学活动顺利开展不可或缺的重要组成部分。① 在使用诗词史料进行历史教学之前，教师需要做好以下课前准备工作，以充分激发学生的学习兴趣，保证教学效果。

1. 实现搜集渠道的多样化

目前，历史教材中已经包含一部分的诗词史料资源，但是单纯依靠这部分资源是远远不够的。教师要扩展视野，实现搜集渠道的多样化，从更广泛的文献中搜集诗词，丰富课堂内容，提高历史教学的质量和效果。除了历史教材中的资源，语文教材也是挖掘诗词史料的宝贵资源。语文教材中的诗词通常经过层层筛选、严格把关，许多诗词不仅语言美妙，而且蕴含深厚的历史价值，能够帮助学生更好地理解特定的历史背景和文化氛围。教师从中挑选出能够用于历史课堂的诗词史料资源，反映出了语文和历史的交融，有助于学生形成完整的知识体系。这种方法可以将学生对于语文和历史的学习更加紧密地联系起来，增强学生的跨学科学习能力，使他们建立理解历史事件的全面视角，提升他们的文学鉴赏能力和语言表达能力，帮助他们构建起一个更为丰富和多维的知识体系。

随着信息技术的发展，互联网为诗词史料的搜集提供了广阔的平台。这类资源的信息量大、更新快，能够帮助教师及时获取最新的研究成果和资料，确保教学内容的时效性。在线资源库如中国知网、维普数据库、万方数据库、中国国家数字图书馆等都是宝贵的搜集信息的渠道。教师要充分利用这些平台进行诗词史料的收集和整理，挑选出适合历史教学使用的诗词史料，并将其应用于历史课堂。除了在线资源，教师还可以

---

① 葛星辉.唐宋诗词在初中历史教学中的运用研究[D].牡丹江：牡丹江师范学院，2022.

探索线下的诗词史料资源收集途径。线下搜集虽然比较烦琐且容易受到时间和空间的限制，但这种搜集方式在挖掘具有地域特色的文化资源方面具有独到的优势。对于一些地方性历史和文化背景的诗词史料，教师可以通过带领学生参观当地的历史遗址、博物馆和纪念馆等方式来获取，以增加史料的真实性和生动性，为学生提供直观的历史体验。

2.协同合作实现搜集

诗词史料搜集的工作量大、涉及面广，单靠个人力量难以全部完成，协同合作的方式能够高效地完成诗词史料的搜集和整理工作。从学校方面来说，要组建由历史教师、语文教师和图书管理员等组成的教学团队共同参与诗词史料的搜集工作。团队中的成员要进行明确分工，每个成员要根据自己的专业背景和特长负责搜集不同的内容，确保搜集工作全面、高效完成。学校还要与其他学校积极展开合作，共享资源和信息，以获取更多的资料和信息，提高搜集工作的效率，丰富教学资源，为历史课程提供多样化的史料选择。教师要实现相互协作，要以集体备课、互听互评课程等方式分享各自的发现，交流教学心得、相互启发，减轻每个教师在备课和教学设计中的负担，有效提高历史课程的教学效果。教师还要定期举办同课异构、课堂观摩等方式的教研活动，交流教学方法和经验。这种跨学科的合作不仅有助于丰富教师的教学内容和方法，还能在教师间形成互帮互助的良好氛围。

教师还要发动学生参与诗词的搜集和研究，通过设置预习任务或小组项目，鼓励学生在各自的网络和社区资源中寻找与历史课程相关的诗词史料。学生在这一过程中能够学习到如何独立收集和分析资料，还能够通过小组讨论和合作，增强团队协作能力和责任感，提高学生的参与度和责任感，增强他们对诗词和历史的兴趣和理解。此外，部分家长在文史领域有一定的知识和资源，教师可以通过家校合作的方式，借助家长的力量获取更多的诗词史料，为课堂教学提供有力的支持。

（二）课堂导入

课堂导入阶段是教学过程中至关重要的一环，它的设计需要巧妙而有效，以快速激发学生的学习兴趣和注意力，增强他们的学习动机，为他们的深入学习奠定了坚实的基础。对于历史课堂来说，课堂引入的时间极为有限，5分钟左右，因此，教师需要精心设计，确保在短时间内达到最佳的教学效果。诗词史料的篇幅简短、内容精练，具有深刻的历史文化价值。中学生通常已具备一定的诗词基础，课堂导入中教师对于诗词史料资源的应用能够迅速调动他们的情绪，有效激发他们的求知欲，促进他们的主动参与。因此，在课堂导入阶段应用富有感染力和鲜明文学艺术特性的诗词史料，是课堂导入的理想选择，具有独特的优势，能够在不占用过多课时的情况下，迅速铺设课程背景，引发学生的兴趣。古诗词的音韵美和画面感尤其符合中学生的认知和心理发展需求，能够成为引导学生深入历史内容探究的有效工具。

教师在课堂导入阶段，可以选择与课程主题密切相关的古诗词，通过朗读或简短解析，快速创设生动的历史情境，引导学生进入历史学习状态。教师要通过朗读诗词让学生感受到诗中的音韵之美和语言之美，激发他们的学习兴趣和情感共鸣。教师在朗读诗词时，要注意语音、语调和节奏的变化，要通过抑扬顿挫的朗读使学生感受到诗词的音乐性和节奏感。教师还可以结合多媒体课件，展示与自己所朗读诗词相关的图片和视频，增强学生的视觉体验和情感共鸣。在解读诗词时，教师还要注重对诗中历史背景和社会状况的介绍，教师要通过对诗词内容的详细解读，使学生理解诗中所反映的历史事件和人物命运。

（三）教学渗透

在历史教学中恰当应用诗词史料能够帮助学生形象地感知历史，使他们深化对历史事件和人物的理解。将诗词史料渗透历史教学过程，能够有效地吸引学生的注意力，增强他们对学习内容的兴趣，教师可以将诗词史料与教材内容有机结合，通过对诗词的分析和解读，使学生更深入地理解历史事件和事件发生的背景。例如，在探讨唐代的"开元盛世"时，教师引入杜甫的《忆昔》能够生动描绘那一时期的繁荣景象："忆昔开元全盛日，小邑犹藏万家室。稻米流脂粟米白，公私仓廪俱丰实。"这首诗展示了当时经济的繁荣，有助于学生形象地理解历史背景。教师通过设置问题，如"这首诗描绘的繁荣场景反映了怎样的社会现实？""这种经济繁荣与哪些政策有关？"可以促使学生深入探讨，加深对教材内容的理解。这一诗词史料的流畅语言也易于学生理解和记忆，能够达到事半功倍的教学效果。

　　教师可以通过设计诗词朗诵、角色扮演、诗词创作等多种教学活动，增强历史教学的互动性和生动性，使学生更深入地理解诗词背后的历史内容，提高他们的表达能力，培养他们的创造性思维。诗词朗诵是一个极好的活动，教师可以选择与历史课程内容相关的诗词，让学生准备并进行朗诵，通过声音的韵律和节奏感来体验诗词的美感及作者的情感深度，帮助学生加深对诗句的记忆，使他们更好地感受诗人的情感和当时的历史背景。角色扮演可以使学生"变身"为历史人物，重新演绎诗词中的情景，让学生从第一人称的角度理解和表达历史事件，增加学习的沉浸感。例如，教师可以让学生扮演杜甫和他的朋友们，围绕《春望》中描述的国破家亡的悲伤情境进行表演，从而使他们更深刻地理解诗句和历史背景。诗词创作活动要求教师鼓励学生根据所学历史事件或历史人物等内容，创作相关的诗词，并在课堂上进行展示和评比。这种活动能够加深学生对历史的理解和感悟，锻炼他们在实践中灵活应用历史和文学知识的能力，培养其创造力和表达能力。这些活动的设计与实施，不仅能增加学生学习的趣味性，还能有效提升学生的历史文化素养和文学素养，建立一个动态互动的学习环境，让学生在参与和体验中深化对历史的认识。

（四）课堂小结

课堂小结是教学过程中的一个关键环节，是对学生所学内容的总结与升华，虽然它在整节课中占用的时间较短，其重要性却不容忽视。有效的课堂小结能够加深学生对课堂内容的理解，帮助他们构建起系统的知识框架，也能够帮助他们为后续课程的学习打下坚实的基础。古诗词语言精练、情感丰富，能够有效概括历史事件并引发学生的情感共鸣。教师应用诗词史料进行课堂小结帮助学生对所学知识进行整合和回顾，是深化学生历史认知的重要手段，能够帮助学生更好地理解和记忆历史知识，提升他们的历史思维和人文素养。

应用诗词史料进行课堂小结，能够帮助学生将散落的历史知识串联起来，形成知识体系，加强对历史的整体认识。教师可以选取不同历史时期的诗词，结合课堂内容进行归纳总结，使学生在理解诗词的同时，明晰历史发展的脉络，建立起完整的历史知识体系，巩固他们的历史知识，提高他们的综合分析能力。诗词作为中华优秀传统文化的重要组成部分，蕴含丰富的历史信息和文化内涵。教师在进行课堂小结时，对诗词史料的赏析和讲解能够使学生在学习历史的同时，感受到中华优秀传统文化的博大精深，增强他们的文化认同感和自豪感。诗词史料中蕴含的情感和思想还会对学生的价值观产生潜移默化的影响。教师要多选取那些反映爱国精神、社会正义和人文关怀的诗词，通过对这些诗词的赏析和讲解，引导学生树立正确的价值观念，激发他们的爱国情怀，提升他们的历史素养，培养他们的社会责任感和人文精神。

在进行课堂小结时，教师要鼓励学生用自己的语言表达对诗词和历史事件的理解，加深学生对历史的记忆，提高他们的语言表达能力，提升他们的文学素养。教师要鼓励学生多分享自己对于诗词史料的看法和见解，围绕诗词中的历史事件和人物展开探讨，形成对历史的多维度理解，这样，他们的历史理解能力和表达能力就会在无形中得到很大的提高。

第八章 历史教学中史料资源库的建设

第一节 史料资源库建设的必要性

历史课程的核心离不开"论从史出"这一重要观点,一节既能体现新课标要求又具有创新意识的历史课离不开史料的分析与运用,史料运用的好与坏直接决定着历史课堂教学的有效与无效。① 随着信息技术的发展和教育理念的更新,传统的历史教学模式面临诸多挑战。一个系统、全面、丰富的史料资源库能够为历史课堂教学提供强大的支持和保障,有效提升学生的历史素养和综合能力。史料资源库建设的必要性主要体现在以下几个方面(见图8-1)。

---

① 黎丽雅.基于初中历史教材的史料资源库建设与实践研究报告[J].新智慧,2018(27):7.

第八章 历史教学中史料资源库的建设

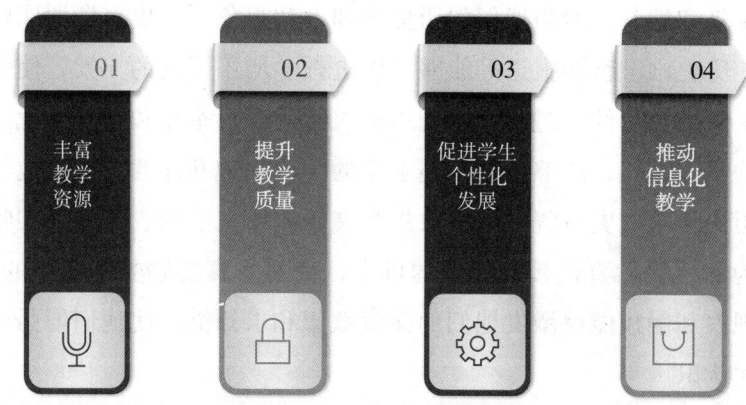

图 8-1 史料资源库建设的必要性

一、丰富教学资源

教师教历史、学生学习历史，都需要大量的历史资料作为支撑。传统的教材和教辅资料内容有限，不能完全满足学生对历史知识的需求。史料资源库的建设有助于丰富教学资源，为课堂教学提供生动化的教学内容，为学生提供多样化的学习素材，使学生实现对历史的多维度探索。

史料资源库涵盖文字、图片、影像和实物等多种类型的史料，包括传统的历史文献和经典作品，还有近年来的新发现和新研究成果。这些丰富的资源使教师能够设计出更具吸引力和感染力的教学内容，使学生在直观的历史素材中感受历史事件和历史人物的真实存在。

史料资源库中的古代文献、现代研究文献、报刊文章等文字史料，能够为学生提供详细的历史背景和事件描述，帮助他们理解不同历史阶段的社会、经济、文化和政治情况。在教学过程中，教师可以根据教学需要，选择适合的文字资料进行详细讲解，帮助学生深入理解历史事件的前因后果及影响。史料资源库中的历史照片、历史地图、历史绘画等史料，能够为教师提供丰富的视觉素材，帮助学生更直观地了解历史事件的场景和细节,增强他们的历史感知力和想象力。史料资源库中的纪录片、历史剧、新闻报道等能够为历史教学增添生动的元素,使学生直观地了解历史事件的过程,感受历史人物的言行举止和情感变化。这种动态的学习方式,能够有效提高学生的学习兴趣和注意力,使他们更加投入历史学习。史料资源库中收集和展示的历史遗物、文物等实物资料能够为学生提供直接接触历史的机会,使学生真实感受到历史的存在。通过观察和触摸能够激发他们的探索欲望和求知欲,使他们增强对历史的感性认识。

依赖史料资源库丰富的教学资源,教师能够设计出历史辩论、角色扮演、实地考察等多元化和个性化的教学活动,满足不同学生的学习需求,培养学生的思维能力和实践能力。通过这些创新的教学活动,学生能够在参与和体验中,深刻理解历史事件和人物,提高学习的主动性和积极性。丰富的教学资源还能够促进学生的自主学习和探究学习。史料资源库中的资料,涵盖了不同历史时期和领域的内容,学生可以根据自己的兴趣和需求选择合适的资料进行自主学习和研究。通过自主查找、阅读和分析史料,学生能够培养自己的独立思考能力和研究能力,提升历史学习的深度和广度,增强学习的成就感和自信心。

二、提升教学质量

史料资源库的建设有助于教师进行更深入的教学研究,一个完善的史料资源库不仅能够提供丰富的教学资源,还能够为教学设计、课堂活动和学生评价等各个环节提供支持,助力教师全面提高历史教学质量。

史料资源库的建设为教师的备课提供了大量的历史资料,资料库中的史料为他们设计翔实和丰富的教学方案提供了丰富的素材。教师可以根据教学内容的需要,从资源库中选择合适的文字、图片、影像、实物为学生进行讲解,使学生在多样化的史料中加深对历史事件和人物的理解。这种多维度的教学设计,有助于提高学生的学习兴趣和参与度,使历史教学更加生动和富有吸引力。丰富的史料资源库也为教师的教学方法创新提供了基础支持。利用资源库中的多样化资料,教师能够设计出史料对比、案例分析、情景再现等多种教学方法。通过这些创新的教学方法,教师可以引导学生从不同角度审视历史事件,进行分组讨论和辩论,激发学生的思考,提升他们的分析和综合能力,培养他们的批判性思维和历史思维。

在传统的教学模式中,往往是教师单方面传授知识,学生被动接受,课堂互动较少。通过利用资源库中的丰富史料,教师可以设计更多的互动环节,使学生在参与中学习和思考,促进他们的主动学习和合作学习。这种互动性的教学方式,能够有效提升学生的学习积极性和参与度,增强他们的历史理解力和记忆力。史料资源库也为教师的教学研究提供了重要支持。教师通过对资源库中丰富史料的研究和分析,对比不同史料的内容和特点,可以总结出不同历史事件的教学重点和难点,为深入探讨历史教学的规律和方法、探索学生的认知规律和学习需求,以及制定更为有效的教学策略和模式提供了重要基础。史料资源库中的研究资料和学术成果也为教师的教学研究提供了丰富的参考和借鉴,能够使他们不断提高自身的专业水平和教学能力。

三、促进学生个性化发展

通过收集多样化的史料资源,史料资源库能够为每个学生提供量身定制的学习路径和机会,充分发挥他们的潜力,促进他们的个性化发展(见图 8-2)。

◎历史教学中史料应用研究

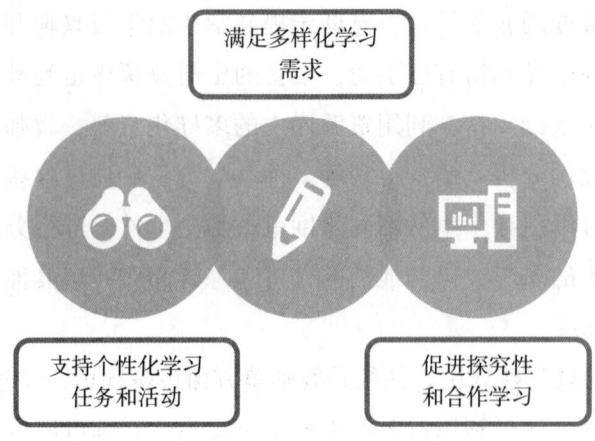

图 8-2 促进学生个性化发展

（一）满足多样化学习需求

资源库作为一个支持自主探究和合作学习的平台，考虑到了学生多样的学习心理和需求，为学生的历史学习提供了丰富多样且形象生动的教学材料，有利于满足学生多样化的学习需求，促进他们的个性化发展。

学生的兴趣和学习方式各不相同，史料资源库包含的文字资料、图片、影像和实物等多样化的史料可以满足学生不同的学习需求，让学生选择自己感兴趣的史料进行自主学习和研究，进一步挖掘和拓展他们的知识面。例如，喜欢阅读的学生可以查阅古代文献和现代研究文献，深入了解历史事件的背景和细节；喜欢视觉学习的学生可以通过观看历史照片和影像资料，感受历史事件和历史人物的真实形象。多样化的学习资源为学生提供了丰富的选择，使他们能够按照自己的兴趣和习惯进行学习，提升学习的主动性和积极性。资源库不是一个静态的"死"库，而是一个可以随时更新和丰富内容的"活"库。学生的新创作、教师的新发现和新感悟都可以成为资源库的一部分，这样，资源库就始终能提供最新的、与学生生活紧密相关的学习材料，支持学生从生活中学习、在生活中体验，实现从被动接受知识到主动探索知识的转变。

（二）支持个性化学习任务和活动

教师可以根据学生的兴趣和能力设计多样化的课堂活动，使学生在完成任务的过程中，充分发挥自己的特长和兴趣。比如，对于喜欢动手实践的学生，教师可以安排制作历史模型或展示板的任务。通过查找和分析资源库中的相关史料，学生能够了解历史事件的背景和细节，并通过动手制作历史模型或展示板，展示自己的学习成果，增强动手能力和创造力，提升学习的成就感和自信心。对于喜欢表演的学生，教师可以组织历史情景剧的排练和表演。通过查找和分析资源库中的史料，学生能够了解历史人物的言行举止和情感变化，并通过角色扮演和情景再现展示历史事件和人物形象，增强自身的表达能力和团队合作能力，提升学习的兴趣和参与度。对于喜欢写作的学生，教师可以布置撰写历史评论文章或研究报告的任务。通过查找和分析资源库中的史料，学生能够增强对历史事件背景和细节的了解，并通过写作展示自己的研究成果和观点，增强他们的写作能力和研究能力，提升他们的逻辑思维能力和表达能力。

史料资源库中的多样化资源，为教师设计个性化学习任务和活动提供了丰富的素材和工具。一方面，通过这些个性化的学习任务和活动，学生能够在实践中发现和发挥自己的优势，增强学习的成就感和自信心。另一方面，教师的指导和支持能够帮助学生更好地完成学习任务，提升他们的学习效果和综合素质。

（三）促进探究性和合作学习

史料资源库的丰富性为促进学生个性化发展提供了广阔的空间，特别是在探究性和合作学习方面，史料资源库能够激发学生的学习兴趣，培养他们的研究能力和团队合作精神。

史料资源库丰富的历史资料为学生的探究性学习创造了良好的条件，学生可以根据自己的兴趣和需求自主选择研究课题，利用资源库中的史料进行查找和分析。通过查找和分析资源库中的相关文字资料、图片、影像和实物，学生能够培养自己的自主学习能力，提升他们的问题解决能力。史料资源库中多样化的史料能够使学生从不同角度、多维度地探究历史问题，培养综合思维能力。通过对比和分析不同类型的史料，学生能够发现历史事件的复杂性和多样性，学会从多角度看待历史。史料资源库也为学生的合作学习提供了丰富的素材。教师可以根据不同的历史主题，组织学生分组查找和分析相关的史料，制作小组报告或展示板，在课堂上进行展示和交流。在合作学习过程中，学生能够通过分工合作、资源共享和相互帮助完成学习任务，培养自身的团队合作能力和社会交往能力。学生通过相互交流和合作，还能产生思维的碰撞和创新的火花，萌生新的想法和见解，培养创新能力。

四、推动信息化教学

信息化教学是现代教育发展的重要趋势，也是提高教学质量和效率的关键途径。史料资源库的建设为教师和学生提供了便捷、丰富的学习资源，促进了教学方式的变革和教育水平的提高，对于推动历史教学的信息化更是具有重要意义（见图8-3）。

图8-3 推动信息化教学

(一)数字化资源的整合和利用

数字化技术将文字资料、图片、影像、实物等各种类型的史料进行了系统化处理,使其以电子化的形式存储在资源库中,方便了资源的管理和检索,也为教师和学生提供了方便快捷的使用途径。数字化的史料资源库打破了传统纸质资料的限制,为教师和学生访问和利用各种史料提供了便利。教师在备课过程中,可以利用史料资源库轻松查找和调取教学所需的历史资料,设计更加丰富和生动的教学活动。学生在课后学习中也可以通过史料资源库来获取相关资料,进行自主学习和研究。

(二)多媒体教学手段的应用

通过利用资源库中的文字、图片、影像等多种形式的史料,教师可以设计和制作多媒体课件,将丰富的历史资料融入教学过程,使课堂教学更加生动有趣。多媒体课件能够将文字、图片、视频、音频等多种媒体元素有机结合,直观、生动地展示历史事件和人物形象,增强学生的感性认知和情感体验。在讲解某一历史事件时,教师可以通过向学生展示相关的图片、播放影像资料、结合文字进行解说,使学生在多种感官的刺激下,更加深入地理解历史课程内容,提高课堂教学的吸引力和参与度,增强学生的学习兴趣和记忆效果。

(三)在线学习平台的构建

史料资源库的数字化建设是指通过网络技术,将资源库中的历史资料上传到在线学习平台,学生可以通过计算机、手机等设备,随时随地进行学习和研究,突破了时间和空间的限制,极大地方便了他们的自主学习。在线学习平台为学生提供了丰富的学习资源,教师还可以在在线学习平台设计多种互动学习活动,增强学生的参与感和互动性。教师可以在平台上发布讨论话题,组织学生进行在线讨论和交流;进行历史知识竞赛或测验,通过在线答题的方式,考查学生的学习效果;设计历史情景模拟活动,让学生通过角色扮演和情景再现,体验和理解历史事件。

学生通过这些互动活动学习历史知识，不仅能提高思维能力和表达能力，还能进一步培养团队合作精神和创新能力。

（四）信息化教学管理与评价

数字化的史料资源为教师的教学管理和评价提供了方便，有效提升了教学的科学性和公正性。教师可以利用资源库中的数据开展教学管理工作，进行教学设计、课程安排和教学反思；可以通过分析学生在使用资源库过程中的浏览记录、学习时长、学习效果等数据，了解学生的学习情况和需求，调整和优化教学方案，为学生的学习提供个性化的指导和帮助。在教学评价方面，教师可以设计基于资源库的史料分析报告、历史研究论文、历史项目展示等评价任务，目的是考查学生的史料分析能力、逻辑思维能力和创造力，客观和全面地评估学生的学习效果，发现问题、总结经验、改进教学。

第二节 史料资源库建设的主要途径

史料资源库的建设是历史教学中的一项重要工作，旨在为教师和学生提供丰富、准确和多样化的历史资料，提高教师的教学质量和学生的学习效果。建设一个系统、全面、丰富的史料资源库需要多方面的努力，以下是建设史料资源库的主要途径（见图8-4）。

图8-4 史料资源库建设的主要途径

第八章 历史教学中史料资源库的建设

一、资料搜集和整理

资料搜集和整理是史料资源库建设的基础工作,它是确保史料资源库丰富性与多样性、资源真实性与权威性的重要保证。

(一)资料搜集

传统的史料主要来源于图书馆、档案馆和博物馆等机构,这些机构拥有大量的原始文献、档案和实物等史料资源。这些资料经过严格地筛选、长期地积累和专业地保存,具有很高的权威性和可靠性。学校通过与这些机构合作,能够获取大量珍贵的历史资料,丰富资源库的内容。另外,许多历史爱好者和研究者手中的家谱、老照片、手稿等私人收藏往往具有独特的历史价值。与这些收藏者建立联系,通过捐赠、购买或复制等方式搜集独特而珍贵的资源,不但能丰富历史资源库的内容,而且在一定程度上能促进学生对历史的认识和保护。

史料资源库的史料搜集还可以通过互联网平台来实现。网络具有开放性、便捷性和丰富性等特点,为教学提供了很好的资源平台。网络数据库、电子图书馆和专业网站等平台可以使人们方便快捷地获取到大量数字化的历史资料。这些网上资源不仅种类丰富,而且更新速度快,能够为人们提供最新的研究成果和资料。通过网络平台,学校还可以与国内外的历史研究机构和学者开展合作研究和资料共享,进一步扩展资源库的内容。

(二)资料整理

教师在搜集到大量史料之后,需要对其进行系统化、规范化的整理,以方便检索和使用,根据史料的类型进行分类,包括文字资料、图片资料、影像资料和实物资料等。教师对于每一类史料还需要根据具体内容和时间顺序进行细分,以便查找和使用。

资料整理的首要任务是对搜集到的资料进行分类和编号。文字资料包括古代文献、现代研究文献、报刊文章等，可以按朝代、主题和作者进行分类，建立详细的目录和索引；图片资料包括历史照片、历史地图、历史绘画等，可以按时间、地点和主题进行分类，建立图像库；影像资料包括历史纪录片、电影、电视节目等，可以按时间、主题和类型进行分类，建立视频库；实物资料包括历史遗物、文物等，可以按时间、地点和类型进行分类，建立实物档案。在对资料进行分类和编号的过程中，收集者必须详细记录每一件资料的来源、作者、时间、内容摘要等信息，确保资料的准确性和可追溯性。

二、数字化处理

在现代信息技术的支持下，将传统的纸质资料和实物资料进行数字化处理，可以提高资源的管理和使用效率，拓宽资源的共享和传播渠道。数字化处理的过程包括多个步骤，每一步都需要科学的技术支持和严格的操作规范。

在史料资源库的数字化过程中，需要进行的是资料的扫描和数据录入工作。高分辨率的扫描仪器能够将纸质资料转换为电子图像，这些图像必须具备高清晰度和准确性，以保留原始资料的细节和特征。对于文字资料，光学字符识别（Optical Character Recognition，OCR）技术的应用至关重要，它可以将扫描图像中的文字信息转换为可编辑的电子文本。这一过程不仅提高了资料的可用性，还为后续的编辑、整理和检索工作提供了便利。图片和影像资料的数字化处理，同样需要高水平的技术支持。将历史照片、历史地图、历史绘画等图片资料通过高分辨率扫描仪和专业摄影设备进行数字化，旨在确保每一张图片的细节都能被准确地记录下来。影像资料如电影、录像带等影像文件需要进行格式转换和压缩，以便存储和传输。

数字化处理不仅是将资料转化为电子格式，还涉及数据的存储和管理。建立系统化的电子档案和数据库是确保数字化资料高效管理和使用的关键。利用专业的数据库软件将所有数字化资料的信息录入系统，建立详细的目录和索引，能够帮助用户快速检索和查找他们所需的史料，提高资源的使用效率。数据库的建设需要考虑资料的分类、标签和元数据等方面，以便实现精确检索和智能管理。数字化处理的一个重要方面是资料的在线访问和共享。建设专业的资源库网站，将所有数字化资料上传到网络平台，并提供在线访问和下载服务，既能方便教师和学生的使用，又能扩大资料的传播范围和影响力。用户可以通过互联网随时随地访问和使用资源库中的资料，进行教学和研究。在线平台需要具备强大的搜索功能、友好的用户界面和高效的访问速度，以提升用户体验和使用满意度。

在史料资源数字化处理的过程中，一定要注意做好资料的保护和管理工作。数字化资料虽然在存储和传输方面具有明显优势，但也面临着数据损坏、丢失和泄露的风险。因此，史料资源数字化需要建立完善的备份和恢复机制，以确保数字化资料的安全。为防止数据丢失，数据保管人员还要定期进行数据备份，将数据存储在不同的物理位置；建立严格的访问控制和权限管理机制，阻止未经授权的人员访问和使用资料，保护资料的安全。

数字化处理操作人员需要掌握高水平的技术，具备规范的操作流程，确保每一个步骤操作的准确性和有效性。定期的培训和考核是提高操作人员的技术水平和工作能力、保证数字化处理质量的重要手段。只有将专业技术应用和科学管理相结合，才能确保数字化处理工作的高效和高质量。随着信息技术的发展，新技术和新工具不断涌现，数字化处理需要不断创新，引进和应用大数据分析、人工智能和区块链等先进技术，提高数字化处理的效率和安全性，提高资源库的管理和服务水平。

三、专家指导和协作

史料资源库的建设需要建设人员具有专业的知识和技能，专家指导和协作是保证资源库质量和水平的重要途径。专家的参与能够确保资源库的内容丰富、资料权威和管理规范，推动资源的共享和合作，提升资源库的学术水平和使用价值。

历史学家、文献学家、档案学家等专业人士具备深厚的学术背景和丰富的研究经验，他们能够识别和评估资料的历史价值和学术意义，确保资源库中的资料具有权威性和可靠性。在资源的选择和评估方面，专家能够帮助建设人员确定资源库的建设方向、制定资源搜集的标准和策略、指导资源的分类和整理，使资源库的内容更加系统和科学。数字化处理、数据录入、资料保护等工作需要科学的技术手段和规范的操作流程，在专家的指导下，资源库的工作人员可以掌握先进的技术和规范的操作方法，提高工作效率和处理质量。针对建设过程中遇到的技术难题和管理问题，专家还能够提供技术咨询和解决方案，确保资源库的建设顺利进行。专家还能够根据资源库的发展情况和用户需求，提出资源库的改进和优化建议，指导资源库的日常管理和维护工作。专家参与资源库的使用和推广、组织学术交流和培训活动，能够提升资源库的知名度和使用率，使资源库发挥更大的作用和价值。

邀请各领域的专业人士参与资源库建设管理并组成专家团队，能够形成一个多学科、多层次的协作网络。定期召开会议、交流和分享资源库的建设经验和成果、讨论和解决建设过程中遇到的问题和困难、制定和调整建设计划和策略等措施，能够使资源库的建设质量获得提高，推动资源库的发展和创新。专家还可以通过参与学术交流和合作研究，与国内外的研究机构和学术团体建立合作关系，获取最新的研究成果和资料，丰富资源库的内容和学术水平，为资源库的推广和应用提供平台和渠道，提升资源库的影响力和使用价值。

第八章　历史教学中史料资源库的建设◎

在资源的利用和教学应用方面，专家也发挥着重要作用。专家能够根据教学和研究的需要，设计和开发资源库的应用功能和教学资源，为教师提供专业的教学指导和研究支持。专家能够指导教师如何有效利用资源库进行教学和研究，为学生提供学习和研究的资料和工具，提高教学效果和研究水平。专家的指导和支持能够使资源库的建设和管理更加规范和科学，有利于提高资源库的学术水平和使用价值。专家的协作网络和合作关系，使资源库的影响力和知名度不断提升，资源库的资料得到了广泛的认可和应用，提升了资源库的公信力和社会价值。

四、社会资源整合

史料资源库的建设不能单纯依靠学校内部的力量，需要整合社会资源，获得社会各界的支持。通过整合各类社会资源，史料资源库可以获得更多的支持和协作，提高其服务能力和可持续发展水平。

社会机构如博物馆、图书馆、档案馆、文化研究机构等拥有大量的历史文献、实物和档案资料，能够为资源库提供重要补充。学校与这些机构建立合作关系，可以实现资源的共享和互补，丰富自身的内容，还能使资源库提高资料质量，扩大其覆盖范围和影响力。一些信息技术企业拥有先进的技术和丰富的资源，能够为资源库建设提供技术支持和资源投入。学校可以与其开展合作，利用信息技术企业的技术优势提高资源库的数字化水平和管理效率。企业还能够为资源库建设提供必要的资金支持和设备捐赠，提高资源库的技术水平，促进资源库的持续发展，提高资源库的创新能力。学校还可以与公益组织合作，获得资源支持，推动资源库的普及和应用。公益组织致力教育资源的公平分配，学校与这些组织合作，可以扩大资源库的覆盖范围，推动资源库在更多学校和教育机构中的应用，进一步提升资源库的社会价值和影响力。

在社会资源整合过程中，有必要建立资源共享和互利机制，以实现资源的最大化利用和互利共赢。学校与社会机构、企业和公益组织建立长期稳定的合作关系和资源共享机制,实现资源的互通有无和共同发展,能够确保资源的长期稳定供给和共同发展,提高资源库的建设效率,提高资源库的可持续发展能力。

第三节 史料资源库的有效应用

合理利用史料资源库可以全面提高教学质量、促进学生自主学习和加强教师专业发展。史料资源库在课堂教学、课后学习以及教师培训中的应用,能够为教育实践提供丰富的资源和多样化的教学策略(见图8-5)。

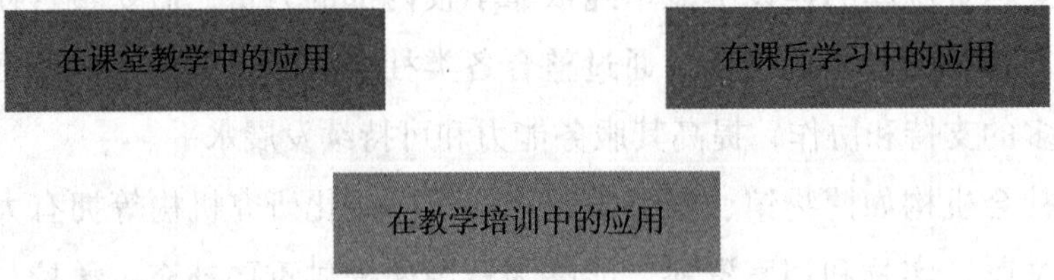

图 8-5 史料资源库的有效应用

一、在课堂教学中的应用

教师利用史料资源库将丰富的历史资料引入课堂,能够帮助学生更好地理解和掌握历史知识,增强历史课堂的互动性,提高学生的参与度,培养他们的综合素质和能力。

在课堂教学中,教师可以通过史料资源库获取大量的文字资料、图片、影像和实物,拓展和深化教学内容。利用史料库中的古代文献、史书、碑刻等文字资料,教师能够详细介绍历史事件的背景和细节,帮助学生全面理解历史事件的复杂性和多样性,丰富教材内容,增强学生的阅读能力和历史分析能力。

第八章 历史教学中史料资源库的建设

利用史料资源库,教师可以设计和实施多样化的教学活动,使课堂教学更加生动有趣。史料对比、案例分析、角色扮演、情景再现等多种教学方法,可以引导学生从不同角度审视历史事件,培养他们的思维能力和历史探索能力。例如,在讲述明清时期的政治制度时,教师可以组织学生扮演皇帝、大臣、地方官员等角色,使他们通过模拟历史情景了解明清时期的政治制度和官僚体制,提高课堂的互动性和学生的参与度,培养学生的综合素质和能力。通过利用电子白板、在线学习平台、互动课堂等信息化手段,教师可以将史料资源库中的丰富资料引入课堂,使教学过程更加生动和富有吸引力。教师可以利用电子白板展示历史地图和图片,并向学生进行动态讲解;通过在线学习平台,发布学习任务和讨论话题,组织学生进行在线讨论和交流;通过互动课堂,实时收集学生的反馈和意见,及时调整教学内容和方式。信息化手段的应用提高了课堂教学的效率和效果,增强了学生的学习兴趣和参与度。

利用史料资源库中的多样化资料,教师可以将历史与地理、文学、艺术、科技等学科知识有机结合,设计和实施综合性的教学活动。在为学生讲解有关丝绸之路的历史知识时,教师可以结合地理学知识,讲解丝绸之路的地理位置和自然环境;结合文学和艺术知识,介绍丝绸之路上的文化交流和艺术成就;结合科技知识,探讨丝绸之路上的科学技术和发明创造。学科整合和跨学科合作在学生综合性的学习过程中能够拓宽他们的知识面和视野,提高他们的综合素质和能力。利用史料资源库,教师还可以进行深入的教学研究和专业学习,不断提高自己的教学水平和专业素养。例如,教师可以利用资源库中的学术研究成果进行教学设计和课程开发,保证教学内容的学术性和前沿性;通过阅读和分析资源库中的资料,了解历史学科的发展前沿和最新研究动态,不断更新自己的知识结构和教学方法;参与资源库的建设和管理,与其他教师和学者进行交流和合作,学习他人的教学经验和研究成果,提高自己的专业水平和教学能力。

二、在课后学习中的应用

史料资源库为学生提供了文字资料、图片、影像和实物等大量的历史学习资料，学生可以根据自己的兴趣和需求，随时随地查阅和学习这些资料，深入理解历史事件的背景和细节，培养自己的阅读能力、理解能力和逻辑思维能力。

图片资料在课后学习中具有直观性强、视觉冲击力大的特点，可以使历史事件和人物形象更加生动和具体。通过观看历史照片、历史地图和历史绘画等，学生可以直观感受历史，增强对历史事件的理解和记忆。影像史料提供了动态的表现形式，能够直观展示历史事件的发展过程和历史人物的形象。通过观看纪录片、历史剧等影像史料，学生可以更好地理解历史事件的动态变化和复杂性，提升历史感知力和情感体验。

史料资源库在课后学习中的应用不仅为学生提供了丰富的学习资源，还为教师布置和设计多样化的学习任务和活动提供了支持。教师利用资源库，可以为学生布置个性化的探究学习任务，让学生查阅资源库中的相关资料，撰写研究报告或制作多媒体作品，激发学生的学习兴趣，提高其自主学习和问题解决能力，培养其探究精神和创新思维。资源库的丰富资料能够满足学生多样化的学习需求，帮助他们在课后深入学习和研究。学生可以选择自己感兴趣的历史主题，通过查阅资源库中的相关资料进行深入研究和探讨，实现知识面的拓展，提高学习效果，培养独立思考和研究能力。

资源库的在线平台为学生的课后学习提供了便捷的途径。通过在线平台，学生可以随时随地查阅和学习资源库中的资料，进行自主学习和研究。教师可以利用在线平台，发布学习任务和讨论话题，组织学生进行在线讨论和交流。在线平台还提供了在线测试和测评功能，学生可以通过在线测试检验自己的学习效果和水平。通过自测，学生能够及时发现和改进自己的学习问题，提高学习效果和学习质量。

三、在教学培训中的应用

史料资源库在教学培训中的应用，能够促进教师的专业发展、提升教学方法和技能、支持教学创新和实践，为历史教学提供坚实的支持（见图 8-6）。

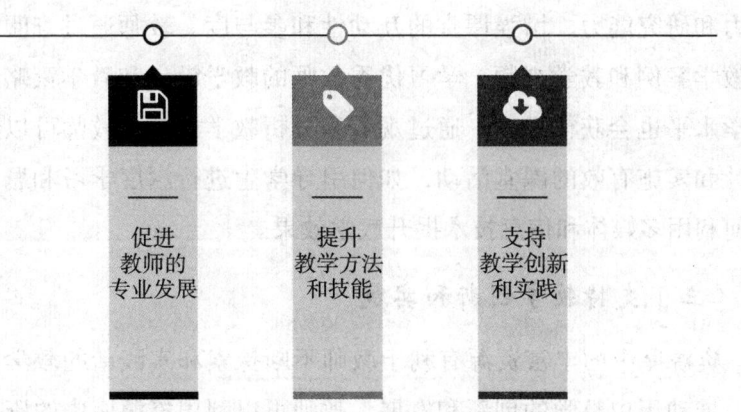

图 8-6 史料资源库在教学培训中的应用

（一）促进教师的专业发展

教师通过查阅资源库中的学术研究成果、历史文献和教学案例等，能够了解最新的学术动态和研究进展，更新自己的知识结构，提升自己的专业素养。资源数据库资料能够使教师加深对历史事件和历史人物的理解，为他们提供新的教学思路和方法，促进教师提高自己的学术水平，提高自己的教学能力，为历史教学注入新的活力。学校可以利用资源库组织教师进行系统的历史学科新理论、新方法、新发现等内容的专业培训，帮助教师及时掌握学科前沿知识，使教师不断提高教学水平。专家讲座、学术研讨等可以帮助教师深入了解历史学科的发展动态，提升自身的专业素养；教学案例和教学视频可以帮助教师学习和借鉴优秀的教学经验和方法，提高历史教学效果。

（二）提升教学方法和技能

利用资源库中的文字资料、图片、影像和实物等史料素材，教师能够设计和实施多样化的教学活动，实现课堂教学生动性和吸引力的提升。教师可以利用资源库中的历史照片和影像资料，设计基于史料的探究活动，让学生在查阅和分析资料后进行小组讨论和汇报，培养他们的合作能力和研究能力，增强课堂的互动性和参与度。教师通过查阅资源库中的教学案例和教学视频，学习优秀教师的教学设计和教学策略，自己的教学水平也会获得提高。通过观看和分析教学视频，教师可以学习如何设计和实施有效的课堂活动，如何引导学生进行深度学习和思考，以及如何利用多媒体和信息技术提升教学效果。

（三）支持教学创新和实践

资源库中的丰富资源有利于教师不断探索和实践新的教学模式和方法，推动历史教学的创新和发展。教师可以利用资源库中的资源实施项目式学习、探究式学习、合作学习等多种教学模式，提高学生的学习兴趣和学习效果，使学生深入理解历史知识，培养自主学习能力和创新思维。教师还可以利用资源库中的资料进行教学研究和实践，探索和总结有效的教学方法和策略。教师通过在课堂上实施教学实验来观察和记录学生的学习效果和反应，总结和反思教学方法和策略的有效性，能够不断提高自己的教学水平，推动历史教学的创新和发展。

在教学培训中，利用资源库建立教师学习社区能够促进教师之间的交流和合作。通过在线平台，教师可以分享教学资源和教学经验，进行学术讨论和合作研究，学习和借鉴优秀的教学经验和方法，不断提高自己的教学能力和专业水平，推动历史教学的发展和进步。通过利用资源库中的丰富资源，教师可以不断学习和提升自己，更新自身的知识结构和教学方法，提高自己的教学水平和专业素养，为终身学习和职业发展提供坚实的保障。

第九章 历史教学中史料实证素养的培养

第一节 史料实证素养及其培养要求

一、史料实证素养的概念

关于史料实证素养的概念，有学者认为，史料实证素养是学生能够在真实、可靠的史料基础上得出历史结论和评判的能力和品质。[①] 史料实证素养涉及学生对史料的基本掌握和使用技能，以及对学生思维能力和分析能力的培养。

史料实证素养的核心是培养学生的独立思考和研究能力。通过对原始史料的分析和解读，学生能够在历史学习中发现问题、提出问题，并通过对问题进行研究寻找答案，增强自己的学习主动性和独立性。这有利于他们在学习过程中不仅停留在知识的接受和记忆层面，更能主动探索和发现历史的多样性和复杂性。通过对史料的科学分析和解读，学生

[①] 章晓峰，李启国，马莉.初中历史教学中学生史料实证核心素养的培养漫谈[J].科教导刊（电子版），2018（29）：120，125.

能够提高信息获取和处理的能力,培养严谨的学术态度和科学精神,有利于他们未来的学习和发展。

二、史料实证素养的培养要求

史料实证素养的培养要求包括培养学生获取、解读史料信息的能力,搜集、辨析史料的能力,运用史料的能力。这三种能力相辅相成,构成了学生在历史学习中进行独立研究和科学分析的基础(见图9-1)。

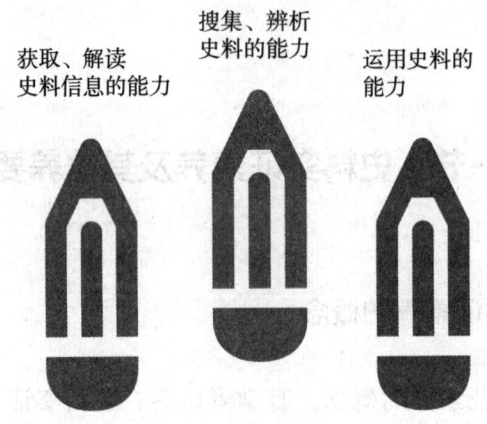

图9-1 史料实证素养的培养要求

(一)获取、解读史料信息的能力

史料是了解历史的基础,它是学生历史学习的起点,也是培养学生史料实证素养的根基。只有拥有获取、解读史料信息的能力,学生才能够发展更高层次的历史理解能力。

学生需要具备从各种史料中提取关键信息并进行初步分析的能力,这是他们学习如何使用史料进行历史建构的基础。要具备这种能力,学生就要理解文字、图片、影像、实物等多种形式的史料内容,并能够识别其中的关键信息,深入挖掘这些史料背后的历史背景和意义。

提取显性知识是理解史料的基本能力。显性知识通常包括实物史料的形状、颜色、材料特征，或文献史料中的基本事实，如时间、地点、人物等。这类表层信息学生不需要思考就能够获得，既是学生深入分析历史的基础，也是他们学习如何使用史料进行历史建构的起点。

（二）搜集、辨析史料的能力

在确定了学习和研究的具体主题后，学生需要具备从多种渠道获取史料，并对其真实性和可靠性进行判断和分析的能力。学生要熟悉图书馆、档案馆、互联网等各种信息获取渠道，他们需要了解如何利用图书馆目录系统查找相关书籍和期刊，如何通过档案馆获取原始文件和手稿，以及如何在互联网上使用搜索引擎和学术数据库查找资料。此外，学生还要掌握基本的信息检索技巧，如关键词选择、搜索结果筛选等。

在使用史料时，学生需要学会从史料来源、时代背景等方面进行全面分析，评估史料的可信度和价值，从而更准确地利用这些资料进行历史学习和研究。特别是对于互联网上的史料资源，学生要通过多方面的验证，确保其来源的可靠性。

（三）运用史料的能力

运用史料的能力是指学生在历史学习中将所获取和分析的史料有效应用于历史论证和表达的能力，它要求学生将不同类型的史料整合起来，形成有逻辑、有依据的历史解释和论述，利用史料进行历史事件的重构，并对历史问题进行探讨。

由于历史具有不可复现性，学生不能像在理科实验中那样通过直接观察来理解历史事件。因此，通过史料来激发学生的历史想象力，构建历史情境成为连接过去与现在的桥梁。对于学生想象力的培养是基于他们对史料的深入分析和理解，这能够使学生在心中形成一个鲜活的历史画面。

学生还需要学习如何从史料中提取有效信息，并用这些信息来支持他们的历史观点。这要求学生不能停留在接受历史事实的层面，需要在已掌握史料的基础上通过积极思考，对历史史料进行系统的搜集、整理和分析，识别史料中的关键信息和线索，对这些信息进行深入的思考和分析。学生要学会根据具体的历史探究问题，从史料中提取出能够支持或反驳某一观点的有效信息；对信息的真实性和可靠性做出进一步评估，确定这些信息能作为支持他们历史论断的有力证据。最终，学生要运用这些经过验证的史料来阐述和支持自己的观点，树立"论从史出、史由证来"的证据意识。

第二节 史料实证素养培养的意义

史料实证素养是学生学习历史的重要技能，也是提升其综合素质和能力的关键。史料实证素养培养的重要意义主要体现在提升学生思维能力、促进教学方法的创新、培养正确观念、形成唯物史观、形成历史时空观念以及培养家国情怀等多个方面（见图9-2）。

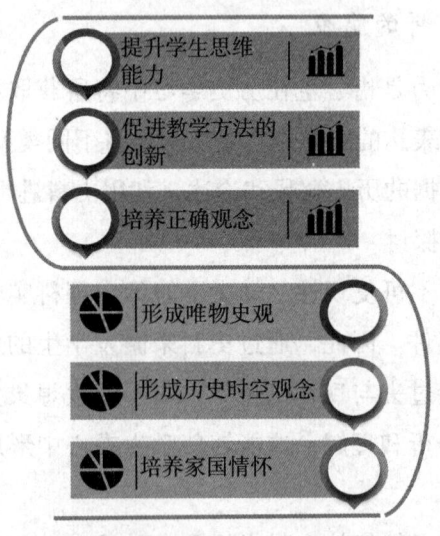

图9-2 史料实证素养培养的重要意义

第九章 历史教学中史料实证素养的培养◎

一、提升学生思维能力

史料承载着大量的历史信息,是历史教学的基石,对于学生深刻理解历史知识至关重要。史料为学生提供了理解历史脉络的关键线索,教师的精心讲解可以激发学生在搜集、解读和分析史料过程中的学习兴趣,使他们逐步掌握基础的历史学习方法。教师利用史料进行教学,可以帮助学生在实际操作中锻炼和提升历史思维能力,从而使他们形成对历史现象的独立见解和深入理解。能力与素养有着十分密切的联系,脱离素养考查能力缺乏支撑,脱离能力考查素养会摸不准方向。学生能够通过文献、实物和口述等多种形式的史料来增长知识、拓宽视野,并在学习中形成批判性和比较性的思考模式。培养史料实证素养对于学生而言,是从被动接受知识到主动探究历史的转变,有助于学生形成独立自主的历史学习方式。

历史学科的一个独特特点是其过去性,这就意味着学生无法通过直接的社会实践来获取历史知识。历史学科的这一特点也使历史学习在很大限度上依赖教科书和其他教学材料。历史教科书在为学生提供知识和思维训练方面发挥着重要作用,但它们无法全面地解答历史事件中的复杂问题,有时甚至可能会对学生养成通过史料分析历史的能力造成一定的限制。史料实证素养的培养对于突破教科书的局限、提高学生的独立思考能力具有重要意义。通过不断引入丰富多样的史料,历史教学能够帮助学生完善其历史思维能力,促进其自主学习能力和独立思考能力的发展。这种以史料为基础的学习方式对学生而言,是一个从被动接受知识到积极探索知识、从了解历史事实到探究深层次历史意义转变的过程。

二、促进教学方法的创新

传统的历史教学往往以教师讲授和学生记忆为主,而史料实证素养的培养则强调学生的自主学习和探究能力。这种教学方式的转变提高了学生的学习主动性,丰富了历史教学的内容和形式。教师可以设计多样化的教学活动,激发学生的学习兴趣和参与度。例如,教师可以设计史料分析任务,组织学生进行小组讨论和汇报,培养他们的合作能力和研究能力,使学生既能学习到具体的历史知识,还能通过实践提升自己的分析和表达能力。

在教育改革背景下,对于学生史料实证素养的培养对革新传统的历史教学方法尤为关键。在此之前,许多学生的历史学习依赖简单的记忆和背诵,这种方法虽然简单,但未能科学地将知识融入历史的整体发展之中,使他们缺乏对历史背景的深入理解,无法梳理知识间的内在联系,降低了学习效率。这种方法还容易让学生对历史课程产生厌倦情绪,不利于他们的持续学习与发展。史料实证素养强调学生要在充分理解史料内容的基础上,进行深入的思考与启迪。这要求学生具备挑选和分析史料的能力,并能够据此提出自己的历史观点,解决历史问题,形成一个完整且深刻的历史观念。

史料实证素养的实施能够引导学生在教师的指导下学习如何有效地运用史料获取和理解历史知识,帮助学生摒弃单纯的记忆学习观念,将知识置于相应的历史背景中,使他们构建一个具有内在逻辑的知识体系。这样不仅提高了学生的学习效率,强化了学生在学习过程中的主体地位,也激发了他们的学习兴趣。这种以史料为基础的学习方法,使学生能更积极主动地接近历史,将自身融入历史的情境,感受历史的生动性,不仅优化了学习过程,还显著提高了学习效率,使学生在获得知识的同时,培养了独立思考和批判性分析的能力。

三、培养正确观念

史料实证素养在历史教学中扮演着至关重要的角色,不仅有助于加强学生对历史知识的理解，还有助于学生形成正确的历史观。教师通过准确运用史料来深化学生对历史的认知，指导他们将学到的历史价值观内化为自己的行为准则。

培养学生史料实证素养的核心在于使学生利用史料挖掘历史学科的正向价值。教师进行历史教学的首要任务不是掌握教学技巧，而是让学生明白学习历史的深远意义。历史教育融合了感性与理性的学习，要求学生在深入历史情境的同时体验和感受历史事件带来的情感影响。这种体验不仅会触动学生的情感，也会促使他们在历史的镜像中看到当代社会所推崇的道德和人格品质，使他们逐步形成正确的价值观。从理性的角度来看，史料实证素养强调历史学科的实证价值，即历史是基于证据而非编造。有效的历史教学应当通过真实的史料来支撑人们对历史的认识和解释。历史课程内容虽然结构简单，但教师通过合理运用史料，可以极大地激发学生的好奇心和探索欲，使他们更容易沉浸在由教师构建的历史情境中。通过对史料的运用，学生不仅可以获得充分的情感体验，还可以感受到历史课程的人文价值。在教师的指导下，学生通过史料进入相关的历史情境，不仅促进了他们情感的深入发展，也帮助他们建立起了系统的历史学习方法，还培养了他们使用史料支持论点的实证精神，对他们未来在社会实践中公平公正地处理问题提供了坚实的思想基础。

通过培养史料实证素养，学生能够形成对历史发展规律的深刻认识，理解历史发展的必然性和客观性。在研究某一历史时期的社会经济状况时，学生可以通过分析相关的史料，了解当时的经济政策、社会结构和文化背景，形成对该历史时期的全面认识，增强自己的科学思维和分析能力。

四、形成唯物史观

史料实证素养的要求符合唯物主义历史观，同时唯物史观为史料实证素养提供了科学的方法论。[①] 唯物史观作为历史学科的核心方法论，强调历史的客观性和科学性，认为历史的发展是由物质生产力的进步驱动的，而非个人意志的结果。通过史料实证素养的训练，学生能够更科学地分析历史事件，掌握从史料中寻找历史真相的能力，理解历史发展的必然性和客观性。

历史学科的科学性在于它根据可靠的史料揭示历史发展的规律。史料实证素养教育使学生学会了基于事实的历史分析，而不是单纯依赖主观想象或片面解读。这种方法论的运用有助于学生形成一个全面、客观的历史观，理解历史的多维性和复杂性。

中学阶段是学生思想观念形成的关键期，培养学生的史料实证素养，教师可以有效地引导他们建立正确的历史观。教师通过指导学生科学分析史料，培养他们"论从史出，史论一致"的思维方式，增强他们解读和应用历史知识的能力，促使他们在探索历史的过程中形成独立而深入的见解。

五、形成历史时空观念

历史时空观念是指学生能够在时间和空间的维度上理解历史事件，这对于学生全面把握历史的连续性和发展性至关重要。对时空观念的理解可以总结为两个方面：一是自觉将史实置于时空框架的思想特征；二是对史实进行准确理解的方法论。[②] 历史时空观念的形成使学生能够将历史事件放在特定的时间和背景下考虑，厘清不同历史时期的社会结构、文化特点和重大事件之间的联系。这种观念的形成有助于学生超越简单的事实记忆，达到对历史发展动态的深刻理解。通过史料实证素养的培

[①] 宋东映.落实核心素养，上好"有料"的历史课[J].科教导刊（中旬刊），2020（14）：134-135.
[②] 谢品雷.唯物史观下史料实证素养培养实践研究的思考[J].福建基础教育研究，2019（7）：87-89.

养,学生不仅能够学习到历史知识,而且能够通过史料中的时间标记和地点信息重构历史发展的过程。

通过对史料的系统学习和分析,学生可以观察到历史的进程是如何在不同的时空背景下展开的。例如,教师可以引导学生研究特定史料中提到的日期和地点,让学生探讨这些信息对理解整个历史事件的重要性,增强学生的时间感和空间感,使他们能够在较大的历史框架内思考,通过时间的流逝和空间的变迁了解历史的连贯性和多样性。通过对不同时间和空间背景下的史料的分析,学生能够厘清历史事件的时间顺序和空间分布,形成对历史发展的全面认识。

在实际教学中,教师可以通过地图、时间线等工具帮助学生可视化历史发展的时空变化。通过开展具体的史料分析活动,如分析历史文献中的时间表述、地理描述等,教师可以帮助学生逐步构建起对历史事件背后更广泛的社会、经济和文化背景的理解,使学生能够从宏观和微观的角度理解历史,更好地将历史知识应用到对现实世界的理解和未来的学习中。

六、培养家国情怀

史料实证素养的培养有助于学生形成对国家和民族的深厚情感。在对史料的分析和解读过程中,学生能够深入了解国家和民族的历史,形成对国家和民族的深厚情感,增强他们的家国情怀和历史使命感。拥有家国情怀是具备国家和民族认同感的重要体现,也是历史学科教育的核心价值之一。

教师在培养学生的史料实证素养时,通过让学生系统地分析和探索历史史料,增强了他们从史料中挖掘情感价值的能力。当学生在探索如抗日战争等重大历史事件的史料时,他们不仅能够理解历史事实,而且深受其中蕴含的民族精神和英雄行为的感染。通过学习史料,学生能够感受到历史人物的奋斗和牺牲,这种情感的体验能够在学生心中激发出对国家和民族的深厚情感。同时，对学生家国情怀的培养为史料实证的过程带来了额外的深度，这种情感的丰富和深度还为史料实证提供了新的动力。教学中对史料的实证不仅局限于对事实的判断，而是更加注重对历史价值的思考，使学生在学习历史的同时，对家国的情感也得以增强。学生拥有家国情怀素养不仅体现在对国家历史的理解上，还体现在对国家和民族未来发展的责任感和使命感上。通过学习史料实证，学生能够认识到国家和民族的发展历程，增强对国家和民族的认同感，形成强烈的家国情怀。

第三节 史料实证素养培养的原则

培养学生的史料实证素养是一个系统而复杂的过程，需要遵循一定的原则，以确保培养的科学性和有效性。以下是史料实证素养培养中应遵循的几个主要原则（见图9-3）。

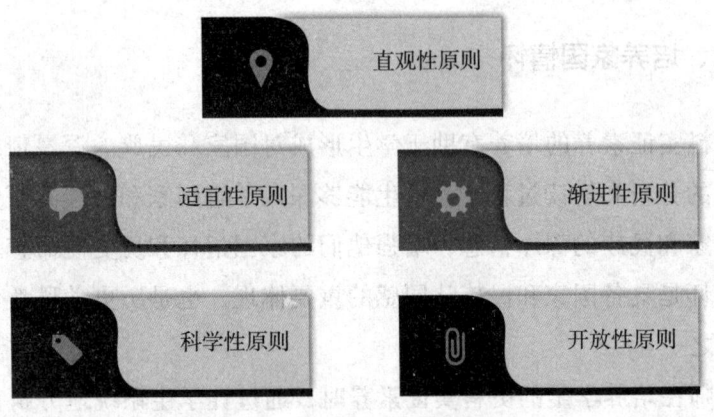

图9-3 史料实证素养培养的原则

一、直观性原则

在培养学生史料实证素养的过程中，直观性原则至关重要，它直接关系学生能否有效地从感性认识过渡到理性认识，从而全面掌握历史知识。直观性原则符合人的认知发展规律，强调通过直观的学习方式促进学生对历史知识的理解和应用，也特别符合中学生的学习特点，即从具体到抽象，从表面到深入。直观性原则使学生能够更好地理解历史事件和历史人物，提升自己的史料实证技能和历史思维能力。这一原则不仅能够激发学生的学习兴趣，还能够增强他们的学习效果。直观性原则主张利用具体、形象的教学资源和方法，帮助学生清晰地形成对史料的感性印象，这为他们理解和掌握复杂的历史内容奠定了基础。以下几点是实施这一原则的关键要求（见图9-4）。

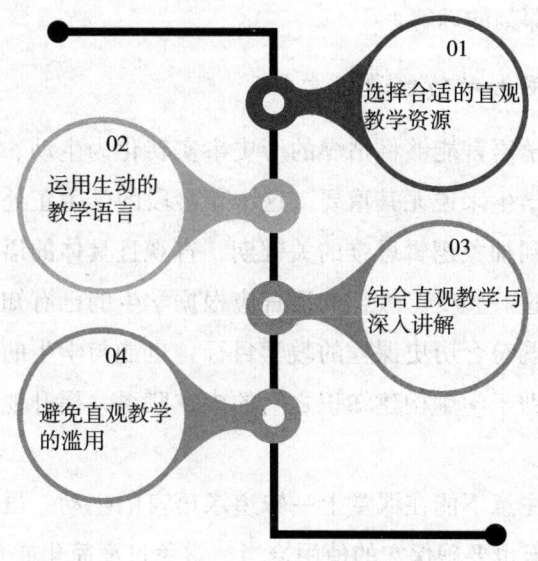

图9-4 直观性原则的关键要求

◎历史教学中史料应用研究

（一）选择合适的直观教学资源

教师在培养学生的史料实证素养时应精心选择与教学内容、学生年龄及学生心理特点相匹配的直观教学资源。史料实物史料、文献史料、图片史料和影像史料等都应具有典型性和代表性，且符合历史课程的教学要求。在实际教学中，教师可以通过多种直观的史料形式，帮助学生直观地感受和理解历史。例如，通过展示历史照片、地图和影像资料，可以让学生直观地了解历史事件的背景和过程，将抽象的历史事件具体化，使学生能够更轻松地理解和记忆历史细节；利用纪录片、历史影片等影像资料将学生带入历史情境，使他们感受历史人物的内心世界和行为，增强学生的感官体验，帮助他们深刻地理解历史事件的复杂性和多样性；通过展示文物、古籍等实物资料，让学生通过观察这些实物，感受古代工艺的精湛和文化的丰富，增强学生的历史体验，使他们对历史产生更直观和深刻的理解。

（二）运用生动的教学语言

生动的教学语言能够将枯燥的历史事实转化为生动、易于理解的叙述，这对于中学生来说尤其重要。这个年龄段的学生正处于从具体形象思维逐渐过渡到抽象逻辑思维的关键期，直观且具体的语言可以帮助学生更好地完成这一转变。教师的语言应根据学生的已有知识和经验精心选择，确保它既符合历史课程的教学目标，也能与学生的日常生活联系起来，这样有助于学生构建知识之间的内在联系，提升他们对历史学科的整体理解。

教师还要注意不能在课堂上一味追求语言的生动，虽然生动的语言具有吸引力，但也要确保它的使用恰当，避免过度简化或歪曲历史事实。教师恰当地运用生动的教学语言能够提升历史教学的有效性，培养学生对历史的深刻理解和持久兴趣。

（三）结合直观教学与深入讲解

直观教学的目标是引导学生进行有目的的观察，而不是使学生被动地接收信息。教师应在使用史料时结合具体讲解，通过设置问题来激发学生的思考，引导他们不仅要关注历史事实的描述，更要注重对事实背后的原因、影响和结果的探索，帮助学生从不同的角度分析事件，深入理解历史的连贯性和复杂性。教师还要清晰地阐述历史知识的原理，解答学生在学习历史时可能遇到的历史事件的背景、涉及的关键人物、历史事件主要冲突及其解决方式等方面疑问，帮助学生在感性认识的基础上建立起理性的历史知识体系，提高他们的历史理解能力和思维能力。教师直观教学和深入讲解的结合旨在使学生在积极的学习过程中发现历史的丰富性和教育价值，进而形成对历史深刻的认识和持久的兴趣。教师直观教学与深入讲解相结合的教学方式为学生提供了一种系统性和批判性的思考方式，这对他们的整体学术发展至关重要。

（四）避免直观教学的滥用

虽然直观教学方法在帮助学生理解历史知识方面极为有效，但教师对这种方法的过度依赖可能会对学生培养想象力和思维能力造成不利影响。因此，教师在运用直观教学资源时需特别谨慎，要避免滥用。直观教学虽然可以使历史事件和概念形象化，更易于学生理解，但它也可能使学生习惯从表面接收信息，而缺乏深入分析和批判性处理信息的能力。教师应当在直观教学和提倡自主探索之间找到平衡，鼓励学生通过多种学习方式深化对历史的理解。教师应当根据学生理解和应用史料的实际需要灵活运用直观教学资源，如果有更合适的教学方法可用，应优先考虑，以促进学生全面而深入地理解历史。

直观性原则的应用还需要教师在教学过程中，注重通过实际操作和实践活动，使学生在实践中提升史料实证技能。教师可以组织学生到历史遗址或博物馆进行实地考察，体验历史，通过让学生直接接触历史文物,增强他们对历史的感性认识和理解,提升他们的史料实证技能。

二、适宜性原则

适宜性原则强调在教学过程中,教师应根据学生的认知水平和学习需求选择和设计适宜的史料和教学活动,以确保教学内容的适宜性和有效性。适宜性原则是史料实证素养培养的核心,它要求教学活动必须符合学生的认知水平,既不能过于简单,也不能过于复杂。应从学生的实际水平出发,使史料实证教学既具有一定的挑战性,又在学生的能力范围之内,确保教学活动既能激发学生的学习兴趣,又能有效促进其历史学习能力的发展。

对于学生学情的准确把握是实现适宜性原则的首要条件。教师需要深入了解学生在历史学习上的知识储备、学习习惯以及思维发展特点。在评估学情时,教师应避免对学生能力的低估,这种低估可能导致教师将教学目标和难度设置得过低,从而抑制学生的学习动力和发展潜力。同样,过高的估计会增加学生的学习负担,超出其认知能力,给学生造成挫败感,影响他们的学习效果。教师必须根据学生的"最近发展区"来调整教学策略,确保史料实证的教学既能激发学生的学习兴趣,又能有效推动其认知发展。适宜性原则还要求教师在设计教学活动时,注重教学内容和形式的适宜性。在进行史料分析活动时,教师要根据学生的学习需求设计适宜的教学任务和活动形式。对于初学者,教师可以选择一些简单的史料分析任务,帮助他们掌握基本的史料分析方法和技巧;对于有一定基础的学生,教师可以设计一些复杂的史料分析任务,培养他们的高级史料实证技能。

教师还要根据学生的接受能力不断调整教学内容和策略,确保教学难度既能挑战学生,也能被学生接受。这要求教师在教学过程中持续观察、评估并适时调整教学计划。如果学生能够较快地掌握核心概念和技能,教师应适当提高教学难度,在课程中引入更复杂的史料和深入的历史分析；反之，如果学生在学习某些内容时较为困难，教师应适当简化教学内容，或者采用更多具有支持性的教学资源。

三、渐进性原则

史料实证素养的培养是一个系统而复杂的过程，需要教师精心设计和实施教学策略。从简到繁、从易到难的渐进原则对于学生的学习至关重要，能够确保学生在夯实基础知识后逐步深入理解更复杂的历史概念和事件。教师还要注意明确教学的重点与难点，并采取相应的策略突破这些难点，这是提高教学效果的关键。

渐进性原则要求历史教师在史料实证素养的教学中，按照由浅入深、从易到难的顺序安排教学内容。这一原则不仅能建立学生的信心，也能有效避免学生在学习过程中出现认知过载的问题。教学内容的安排应考虑学生的实际能力和知识基础，从基本的史料认识开始，逐步引导学生学到更复杂的历史分析技能。确定教学的重点和难点是史料实证素养培养中的一项重要任务。教学重点是那些对学生未来学习具有根本影响的核心知识和技能，它们是学生在历史学习中必须掌握的基础；而教学难点则是指那些学生可能感到难以理解或难以掌握的部分，这些难点可能因学生的不同背景和能力而异，教师在教学前需要对学生的学习情况进行深入了解。在教学活动的设计和实施中，教师应该突出教学重点，确保所有学生都能掌握与他们当前水平相符的历史知识和分析技能。针对教学难点，教师还需要制定开发多种教学媒介、进行小组讨论、举行角色扮演或模拟活动等多种教学策略，帮助学生克服这些难题。对于学习有难度的学生，教师要进行个别辅导，以适应不同学生的学习需求。

为有效地突破教学难点，教师需要不断调整和创新教学策略，包括利用在线资源、多媒体等先进技术，增强教学的直观性和互动性。在此过程中，教师还要鼓励学生进行批判性思考，通过问题导向让学生在解决实际问题的过程中深化对历史的理解。教师还要根据实时反馈及时调整教学方法,以适应学生在学习过程中的变化。

四、科学性原则

科学性原则是指教师在指导学生发展史料实证素养,达成史料实证素养目标的过程中,选择和使用的史料真实可靠,史料所载的历史信息科学可信。[①]科学性原则要求史料不仅真实反映历史,而且必须科学地处理和解读历史,以便学生通过它们构建准确的历史认知。

史料的科学性直接影响到历史教学的质量和学生对历史的理解。科学的史料应用能帮助学生正确重建历史情境,增强他们的历史感和时间感,使他们直观地感受历史的复杂性和丰富性,从而深化他们对历史事件和人物的认识。为确保史料的科学性,教师应在历史教学中应用史料时采取以下措施:其一,确保史料来源的科学性。教师要从认证的学术出版物、专业的历史数据库和公认的研究机构等可靠渠道获取史料,这样可以保证史料的原始性和准确性,避免使用来历不明的或已被质疑的史料。其二,保持史料的客观性与完整性。史料在教学中的使用应保持其原有的面貌,教师要避免为适应教学目的而对其进行剪裁或改动,使学生全面理解史料。其三,史料与教学内容的相关性。教师所选史料应直接支持教学目标,确保每项史料都能有效地为学生解释和分析历史现象提供支持。其四,正确运用史料证明观点。在引用史料支持历史观点时,教师需遵循学术研究的规范,如避免依赖单一史料证明重大观点(孤证不立原则)和防止无证据的推测(避免滥用默证),这样有助于培养学生的思维能力和学术严谨性。

教师在历史教学中坚持科学性原则不仅是对历史真实性的尊重,也是对学生认知能力的负责。在科学性原则指导下学习史料实证内容,学生能够培养科学思维和证据思维,这对他们成为理性思考者至关重要。

---

① 陈凤武.高中历史教学中史料实证素养的培养研究[D].济南:山东师范大学,2017.

教师在这一过程中的任务是精心选择和处理史料，使历史教学不仅能为学生传授知识，更能为学生培养责任感。

五、开放性原则

开放性原则强调教师应当弱化传统以教科书为中心、以记忆为主的教学方式，采取更加灵活和多元的教学策略，促进学生的个性化和全面发展。开放的教学策略有利于尊重学生的个性化需求，也有利于学生通过不同情境的学习体验，获得个性化发展。① 开放性原则有助于激发学生的学习兴趣和主动性，能够有效促进学生批判性和创造性思维的培养。

随着时间的推移，史学研究持续深入，新的研究成果和观点不断涌现。历史教师应紧跟学术发展的步伐，定期更新自己的知识库和教学内容，确保自己教授的内容既准确又前沿。教师的持续学习和自我更新是开放性教学的重要组成部分，能够有效地提高教师的教学质量和学术水平。为了实施开放性原则，教师需要采取以下几个策略：其一，采取多样化的教学方法。教师应采用包括讨论、研究项目、角色扮演和外部参观等多种教学方法，观察不同学生的学习风格和能力，为他们提供更广阔的视角和更深层的历史理解，帮助他们在多种情境中探索和学习。其二，激发学生主动学习的热情。教师要鼓励学生独立思考，提高他们在实际情境中运用和分析史料的能力。其三，更新教学内容和资源。教师要定期整合和引入学界新的历史研究成果及视角，以保持教学内容的前沿性和相关性，为学生提供更加丰富和多元的学习材料，激发学生的学习热情。其四，优化教学手段和工具。现代教育技术如在线学习平台、数字档案库等工具可以极大地丰富学生的学习资源和环境，便于教师管理和调整教学计划。教师积极利用现代教育技术，能够为学生提供一个

---

① 李渊浩，席长华."史料实证"素养落地初探：例证、互证、辩证：以"探究新航路开辟的原因"为例[J].基础教育课程，2019（合刊1）：54-62.

更加丰富和动态的学习环境,使学生在掌握历史知识的同时,发展必要的研究和思维技能。

第四节 史料实证素养培养的策略

为培养学生的史料实证素养,教师需要采取系统化、全面性的策略。这些策略具体包括制定详细的教学目标、深入挖掘教材史料、采用多种教学方法、开展课后实践活动的内化、巧用教学评价等。这些策略能够有效提升学生的史料实证素养,使他们在历史学习中形成科学的思维方式,拥有一定的研究能力。

一、制定详细的教学目标

史料实证素养旨在使学生掌握有效的史料收集、鉴别、分析和解读技能,能够在历史学习中形成独立且科学的认识。为此,历史教师应深化自己对史料实证教育理念的理解,制定详细的教学目标,并将这一培养理念融入历史教学的各个方面,以提高学生的实证精神(见图9-5)。

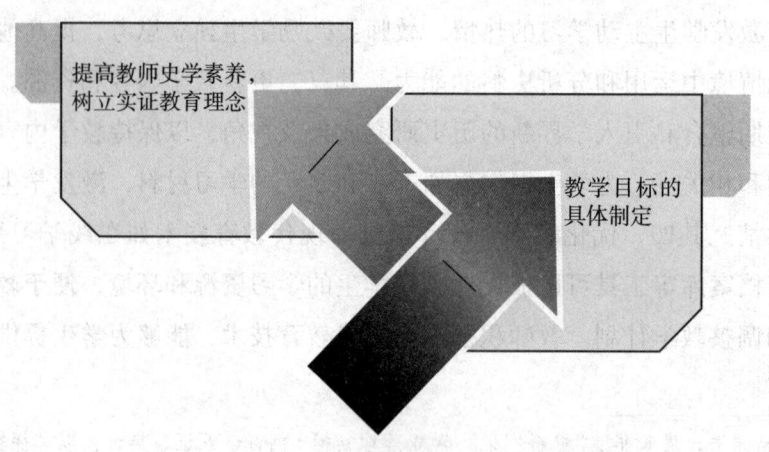

图9-5 制定详细的教学目标

(一)提高教师史学素养,树立实证教育理念

姚蕾认为,从促进教师自身发展的角度来讲,要通过有效的培训来提高教师的史学素养,同时树立史料实证素养的观念,推动他们将史料实证素养培养落实到教学活动中去。① 教师的史学素养会直接影响史料实证素养的教学质量和效果。在新课程标准背景下,教师不再是传统意义上的知识传授者,而是学生学习的引导者和促进者。因此,教师必须不断提高自己的史学理论水平和教学技能,以更好地引导学生探索和理解历史。教师需要通过参加专业培训、研读历史专业书籍、利用网络资源等多种方式,不断加深对历史学科的理解和把握,使自己能在教学中准确、生动地呈现历史内容,提高教学的科学性和吸引力。教师还要树立现代的史料实证教育理念,转变传统的以记忆和背诵为主的教学观念,采用更开放、互动和探究式的教学方法。这种教学方式鼓励学生主动探索历史问题,通过实证史料来验证假设,并使学生在学习过程中提升其思维能力和独立解决问题的能力。教师应通过实际的教学活动,使学生在实践中学会如何有效地收集、分析和利用史料,从而培养对历史的深刻认识和实证精神。

在具体的教学实践中,历史教师应采取以下策略:其一,系统地整合和更新教学内容。教师要定期更新教学材料,包括最新的历史研究成果和多样的历史视角,保证教学内容的前沿性和相关性,激发学生的学习兴趣,提高学生的参与度。其二,优化教学方法和手段。教师要利用现代教育技术和教学资源,如在线学习平台、数字档案库等增强教学的互动性和趣味性,帮助学生更好地接触和分析史料,使教学过程更加灵活和高效。其三,强调史料的科学分析。教师应引导学生学习如何科学地分析史料,包括史料的来源验证、内容解读及历史背景的深入探究,

---

① 姚蕾.高中历史教学中史料信息提取能力的培养[J].广西教育,2016(26):130-131.

帮助学生更准确地理解历史事件和人物，提高他们的历史思维能力。

（二）教学目标的具体制定

教学目标定义了教学的方向和焦点，其能够直接影响教学内容的结构和教学策略的选择。正确的教学目标设定是史料教学顺利进行的基础，也是确保教学活动高效有序展开的风向标。新课程标准提升了国家对历史教学的要求，从单一的知识传授转向了更全面的育人功能，强调学生在掌握必要的历史知识和技能的同时，应更重视对自身核心素养的培养。史料实证素养作为历史核心素养的一部分，要求教师在教学中不仅要注重知识的传授，更要通过史料的深入分析培养学生的思维能力和问题解决能力。为此，历史教师需要不断深化对新课程标准的理解，将抽象的课程目标转化为具体的教学目标。这需要教师对教材内容进行深入分析，确保教学目标既符合课程标准，又贴合学生的实际学习需求。

在实际教学中，教学目标的制定往往还停留在传统的知识和技能层面。教师在未来的史料教学中应进一步扩展目标设定，将史料实证的教学与学科的育人功能相结合，使学生在掌握历史知识的基础上，通过史料分析的过程培养学生的历史思维和价值观念。这要求历史教师在设置教学目标时，应基于全面的课程理解和深入的学情分析，确保史料教学不仅关注知识点的传授，而且重视通过这些知识点来培养学生的更深层次能力，如思维能力、历史解释能力及实证精神。每堂课的目标应围绕如何有效地使用史料来揭示历史的复杂性，以及如何通过对史料的研究促进学生对历史深度的认识和对社会的理解。为实现以上目标，历史教师需要持续地更新自己的教学策略和知识库，参与专业培训，利用网络资源和学术交流加强自身的史学理论，开发更多教学方法。

二、深入挖掘教材史料

教科书是历史教学的核心，是教师传授基础历史知识的工具，包含丰富的历史资料，形成了一种多样化的、与知识相关的史料集合。学生通过这些教材可以基本了解历史的发展轨迹和重大事件在当时的影响。因此，教师需要在课前熟悉教学内容，并对教科书中的历史资料进行深入的挖掘和精准的甄别，这有助于教师明确教学中的重点与难点，有效培养学生的史料实证能力。

一方面，教师应全面理解历史课程的教学标准和历史教科书的内容。深刻理解新课程标准有助于教师准确把握教学方向和重点，将历史教育的宏观目标与课堂教学的具体目标相结合，使教学过程层次分明。同时，对教科书内容的透彻掌握能够使教师细致理解书中教学内容和史料的具体意义，有效地将史料与教学内容相结合，为深入挖掘教科书中的史料创造条件。另一方面，教师要对重要史料进行拓展分析。历史教材中的史料丰富多样，涉及的知识点难易程度不一。如果对所有史料进行扩展，将使历史课堂失去重点。因此，教师应根据历史课程标准和教学内容的具体要求，选择适当的史料为学生进行讲解，并进行适当的扩展。例如，《资治通鉴》作为一个在史学界具有重要地位的文献，也是课本正文的一部分，教师应向学生详细介绍其基本内容，以促进学生对相关知识的掌握和对史料的深入理解。通过这样的策略，教师不仅可以有效地利用教科书中的历史资料，还可以激发学生的历史兴趣，培养他们的史料实证素养，提高他们分析和处理历史信息的能力。

三、采用多种教学方法

教师在培养学生史料实证素养的过程中，采用多种教学方法是非常重要的。多样化的教学方法不仅能够丰富教学内容和形式，还能激发学生的学习兴趣和积极性，提升他们的学习效果（见图9-6）。

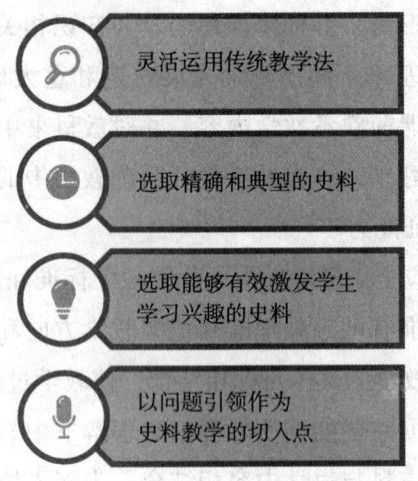

图9-6 采用多种教学方法

（一）灵活运用传统教学法

传统的讲授法在历史教学中占有不可替代的位置。历史教师利用口头讲解，系统而连贯地向学生传递史料实证的关键知识是培养学生史料实证素养的基本方法。通过讲授法，教师可以发挥其在课堂上的主导作用，引发学生的情感共鸣，帮助他们在较短时间内掌握史料实证的核心内容，提高他们的学习效率。然而，这种教学方式主要依赖教师的讲解，可能会导致学生不够积极主动地参与学习过程，使他们缺乏必要的自主性和责任感。同时，这种模式下教师与学生之间存在的年龄、知识以及权威差异可能会使教学关系变得僵化，不利于学生历史思维能力的发展。鉴于这些限制，教师应当采用更为灵活多变的教学策略。在教学过程中，教师应该使用形象、生动的语言，确保教学内容通俗易懂、简明扼要、逻辑清晰，有助于学生更好地理解和掌握历史知识。特别是中学生普遍处于以形象思维为主的发展阶段，生动的教学语言可以更有效地促进他们的学习。

讨论法也是培养学生史料实证素养重要的传统教学法。通过讨论，学生可以交流和碰撞不同的观点,深化对史料的理解和认识,可以提升史料实证技能,还可以培养合作精神和团队意识。

(二)选取精确和典型的史料

精确和典型的史料选择对于培养学生的史料实证素养至关重要。合理的史料挑选不仅是教学的起点,也是确保教学有效性的关键。在挑选史料时,教师需格外注重其精确性和典型性。

精确性在史料挑选中具有双重含义。一方面,教师所选史料数量需适宜,要避免课堂上出现史料堆砌的现象,导致学生无法从中吸取实质性的知识。另一方面,史料必须具有代表性并且恰当,即每一份史料都应紧密贴合课堂教学的主题和知识点,具有对教学主题的典型性和实际应用的相关性。教师在选择史料时还应注意其多角度和客观性,防止史料与教材内容脱节,或者与学生实际学情不符。前期的调查显示,一些教师为了扩展教学内容,往往会选择过多或篇幅过大的史料,这种做法忽视了史料与教材之间的平衡,增加了学生的学习负担,未能达到预期的教学效果。

鉴于课堂时间的有限性,历史教学应以精准挑选为原则,教师要尽量选择那些简洁且典型的史料。这种方式不仅可以减轻学生的学习压力,还能帮助学生通过具体的史料更好地理解和感受历史,还原历史场景。同时,选择典型的史料也是关键,教师应遵循"少而精"的原则,精心筛选那些具有代表性的、能够清晰说明问题的、高度精练的史料,以此来有效支持学生史料实证素养的培养。这样的教学策略不仅提高了教师的教学质量,也优化了学生的学习体验。

(三)选取能够有效激发学生学习兴趣的史料

兴趣是激发学生产生积极学习行为的关键动力,历史教学应远离单调和枯燥,通过富有吸引力的史料来激发学生的学习热情,提升他们的史料实证素养。

如果史料缺乏生动性的话,就会影响学生的学习参与度和史料实证素养的培养效果。教师在选择史料时应充分考虑学生的兴趣和需求,挑选那些能够引起学生好奇心和探索欲的史料。历史本身充满了生动有趣的故事,然而,有的教师仍然持有一种观念,认为历史教学应当严肃认真,只选用严肃的素材来阐述史实。这种偏颇的观念往往会导致课堂氛围沉闷,不利于激发学生的学习兴趣。实际上,选用富有故事性的史料,如将教材中的制度、理论转化为生动的历史故事,可以显著提高学生的学习积极性。完整的故事情节和鲜明的历史人物形象可以触动学生,让他们在情感上产生共鸣,从而更深刻地理解历史背景和历史事件。

充分利用现代互联网技术和多媒体资源也是提升历史教学效果的有效途径。教师通过图像、微视频等多媒体形式展示历史背景和内容,不仅可以活跃课堂气氛,还可以突出教学主题,帮助学生克服学习难点。这种多媒体教学方法能够使历史学习变得更加直观,有助于学生形成良好的历史素养和美好的情感体验。

(四)以问题引领作为史料教学的切入点

问题导向的史料教学方法是一种有效的策略,能够激发学生的探究精神,提升学生的史料实证素养,培养学生的创新思维和解决问题的能力,深化他们对历史的理解。

史料实证素养的核心在于学生能够利用真实、可靠的史料进行历史的分析、阐释和论证。因此,教师在设计教学活动时需要构思具有引导性的问题,这些问题应具有一定的深度和挑战性,以引导学生深入分析和探讨史料。然而,从目前的教学实践来看,许多教师在史料教学中缺乏足够的问题意识,常常采用简单的"是非"问题,这类问题缺乏诱导性和挑战性,难以有效激发学生的学习热情,更不利于学生史料实证素养的培养。在课堂教学中,教师应致力提高问题设计的水平,通过提出具有挑战性的问题引领学生进行史料的深入解读。以问题为导向的史料教学实质上是一种基于史料的探究性学习方式。具体教学过程应该是，教师在备课阶段确定一系列具有挑战性的问题，利用精心挑选的史料创设特定的历史情境，激发学生的学习兴趣。在此基础上，学生将通过分析和讨论这些史料来回答问题，进行论证和辨析，最终还原历史情境并形成结论。

这种问题驱动的教学模式能够满足学生的求知欲，使他们在史料构建的历史情境中成为历史事件的主动分析者和教学活动的积极参与者。这不仅有助于学生更全面地理解、体验和实践史料实证的过程，掌握实证的方法，还有助于他们巩固和扩展自己所学的知识。通过这种方式，学生的思维能力和问题解决能力能够得到提升，他们也能够更好地体验到通过史料实证获得的乐趣和成功感。在问题导向的史料教学中，教师应鼓励学生表达自己的观点，并通过分析与判断来找到支持其观点的证据，使学生不只停留在接受事实的层面，而是能够独立思考和论证，真正做到"以史为据，以证为论"。这样的教学策略能使学生在历史学习中发挥更大的主动性，加深他们对历史深度和复杂性的理解。

四、课后实践活动的内化

教师需要将在课堂上传授的知识和技能通过实践活动转化为学生的个人能力。为了确保学生将所学应用于解决实际问题，教师应该在课后为学生安排相关的实践活动，使他们有机会针对特定问题进行史料的收集与研究。这一过程不仅能够帮助学生学习如何分析历史资料，还能够培养他们重建历史观念和能力的方法。课后，教师应该积极指导学生系统地收集并研究历史资料，使学生更深入地理解和应用课堂上学到的知识，逐步引导学生掌握通过分析和利用史料解决历史问题的能力，使他们形成对历史的深刻理解。为了提高学生的史料收集能力，教师需要在课堂教学和课后活动之间建立有效的链接。课堂是学生学习的核心场所，在课堂上，教师应适时介绍不同的史料收集方法，通过不断积累经验，学生可以有效提高他们的史料分析能力。教师在补充相关知识时需把握好时机，避免打乱教学节奏，干扰学生的思考。实践是知识和技能内化的关键，教师应在课后为学生设计合适的学习任务，通过实际操作让学生提高对史料实证的分析能力。教师还应在教学中扮演示范角色，对教科书中的关键点进行批判性分析和论证，帮助学生认识正确的历史观点，基于可靠的证据，强调科学史料的重要性（见图9-7）。

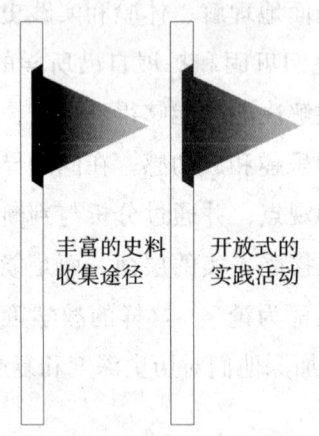

图9-7　课后实践活动的内化

（一）丰富的史料收集途径

在历史教学中，史料的应用是一个核心环节，特别是在课后的自主学习阶段，学生对史料的收集和使用显得尤为重要。由于中学生对史料的理解尚浅，他们往往未能充分认识到史料在历史学习中的重要作用，对史料的收集不够重视，这直接影响了教师布置的自主学习任务的完成质量。为了改善这一状况，教师需要在指导学生使用史料解决问题的同时，指导他们学习和掌握更多有效的史料搜集方法。

教师可以在课后设计具体的学习任务，引导学生独立进行史料的收集。这一阶段,学生应将课堂上学到的知识转化为解决实际问题的工具,通过自主探究来加深对史料的理解和运用;教师可以为学生提供多样的史料搜集路径,鼓励学生通过探索不同的渠道获取历史资料。完成任务后,学生应总结并讨论各种搜集途径的有效性,这不仅帮助他们丰富了搜集史料的方式,也为他们提供了科学收集资料的方法。通过这种方式,学生能够提高对史料的收集和分析能力,激发对历史学习的兴趣和自主探究的动力。这样的教学策略旨在使学生通过实践活动,逐步内化课堂知识,发展成为能够独立解决历史问题的学习者。教师不仅仅是信息的提供者,更是学生学习的引导者和支持者,要帮助学生在历史学习的过程中成长和进步。

(二)开放式的实践活动

开放式的课后实践活动侧重让学生通过科学合理的方式提出历史观点,并用史料来支持这些观点,或通过史料的分析重塑历史事件,建立一种从史料到史实的逻辑关系。初中学生正处于历史学习的初级阶段,他们在自主探究中提出问题并提供史料证据的能力还未完全成熟,因此,历史教学的重点应该放在培养学生树立能够用史料支撑自己观点的意识上。

教师应在课堂教学中精心挑选具有研究价值的历史问题,并引导学生通过调查研究、撰写历史小论文等进行实践探究。这种教学方法旨在培养学生的实证意识,让他们熟悉如何运用史料。在这一过程中,教师应该提倡一个原则,即"孤证不立",强调反面证据的重要性,这样有助于让学生理解历史观点的形成是一个全面的、多角度的证据支持过程。开放式的课后实践活动意味着教师在确定历史教学的实践目标后,不再主动参与指导,而是让学生在实践过程中自主探究,自行解决遇到的问题。这种方式不仅减轻了教师的工作负担,也促进了学生的自主学习能力。教师在活动结束后应进行总结评价,确保学生在自主探究的过程中能够获得知识，提高能力。

通过这种开放式实践活动，学生可以自主选择研究主题，自行寻找和分析史料，形成自己的历史观点，并在探究过程中逐步提高解决问题的能力。在这个过程中，学生将逐渐形成一种从史料到史实的思考模式，这种模式不仅有助于他们在当前的学习中取得进展，也为他们在将来更高级别的历史学习打下了坚实的基础。教师在这一过程中应扮演观察者和评价者的角色，通过关注学生的学习过程，为他们提供必要时的点评和总结，而不是直接插手指导。这样的教学策略旨在增强学生的自信心，保持他们探究思维的连续性，并有效地培养他们的历史实证能力。长期来看，这种教学方法不仅能够帮助学生更加熟练地运用史料，还能激发他们的学习兴趣和研究激情，为他们未来的学习生涯奠定坚实的基础。

五、巧用教学评价

通过科学、合理的教学评价，教师可以全面了解学生的学习效果和发展水平，及时调整和改进教学内容和方法，提升教学效果。史料实证核心素养评价不仅是一个反馈机制，也是一个促进教师教学和学生学习的工具。这种评价旨在为教师提供对教学效果的洞察，帮助教师和学生识别并解决存在的问题，使他们调整教学和学习策略，以达到更好的教学和学习效果。因此，教师和学生都应基于评价反馈来优化教学和学习过程，以确保学生史料实证核心素养的有效培养和发展。

评价的主体包括历史教师和学生，他们会共同参与这个评估过程。具体来说，对于学生，史料实证核心素养评价主要从学习效果和学习过程两个方面进行。学习效果的评价依赖于作业和学业成就测验，而学习过程的评价则关注学生在完成这些任务的过程中展现出的技能和行为。教师可以通过设计和布置各种类型的历史作业来评估学生的史料实证核心素养。这些作业包括活动类作业、探究型作业、历史习作和历史制作类作业,能够考查学生的史料搜集能力、史料判断能力、史料论证能力和史料综合运用能力。这些作业不仅能够评估学生的能力水平,还能够促进他们能力的发展。历史教师在布置这些作业时,需充分考虑学生的年龄特点、历史知识水平和个体差异,确保作业的可操作性,满足不同能力水平学生的需求。这种多层次的作业设计使所有学生都有机会完成任务,同时使他们挑战那些历史知识更丰富或学习能力更强的学生。评价的科学性和可信性要求历史教师精心设计测验题目,确保题目类型、内容和难度的合理搭配。教师需要通过及时有效的分析,深入了解学生在史料实证核心素养上的表现,从而为教学评价提供准确的反馈。期中和期末测验是检验学生学业成就的主要方式,它们的设计和分析对于教师评价学生的学习成果至关重要。教师在评价过程中,不仅需要关注学生的学习成果,还需要关注学生在史料实证核心素养培养过程中学习态度、习惯和方式的变化。对于那些课堂表现良好、学习态度积极、习惯逐渐改善的学生,教师应给予及时的正向反馈和鼓励;对于表现波动或持续消极的学生,教师应及时了解情况,并提出适当的建议或调整教学策略,以帮助他们改进。教师对自身的教导效果和过程也应进行全面评价。教师的教学过程评价可以通过观察学生的课堂表现和课后反馈、同领域教师的互评、学生的测试成绩等多种方式进行。

这样的评价体系不仅可以确保对学生史料实证核心素养的有效培养,还可以通过持续的反馈和调整,促进学生在历史学习中的全面发展。这种综合性和灵活性的评价机制为历史教学提供了一个强有力的支持系统,确保每位学生都能在历史学习中获得较好的学习效果。

参考文献

[1] 张敏. 史料·史论·史观：初高中历史教学设计与分析 [M]. 昆明：云南大学出版社，2023.

[2] 高怀举. 中学历史教学：思想与方法 [M]. 济南：山东教育出版社，2023.

[3] 刘海洋，张晓霞. 中学历史教学论丛 [M]. 长春：吉林人民出版社，2021.

[4] 刘宏法，朱启胜，王昌成. 基于核心素养的中学历史教学探索 [M]. 芜湖：安徽师范大学出版社，2022.

[5] 黎英，吴松钦. 求真·求实·求智：史料在初中历史教学中的应用研究 [M]. 北京：北京教育出版社，2022.

[6] 魏恤民. 史料实证的教学设计与学业评价 [M]. 广州：广东高等教育出版社，2021.

[7] 方勇. 核心素养视阈下的中学历史教学设计 [M]. 上海：上海大学出版社，2019.

[8] 李勤德. 历史教学研究新论 [M]. 广州：广东省地图出版社，1994.

[9] 郭杜宁，毛锐. 初中历史教学实践与探索 [M]. 广州：广东高等教育出版社，2022.

[10] 孙智勇，黄妙茜，钟素芬. 历史教学与思维创新 [M]. 长春：吉林文史出版社，2019.

[11] 鲍丽倩. 教史有法：初中历史学科关键能力的培养 [M]. 上海：上海教育出版社，2022.

[12] 赖海波.核心素养引领下的初中历史课堂教学创新研究与实践[M].长春：吉林人民出版社，2020.

[13] 麻咏芳.史料在初中历史教学中的应用[J].陕西教育（教学版），2023（12）：36-38.

[14] 曹诗雨.借助史料提高初中历史教学效果[J].基础教育论坛，2022（34）：108，110.

[15] 王军，骆奎雪.初中历史教学中史料运用的策略[J].华夏教师，2022（19）：85-87.

[16] 叶辉玲."史料实证"在初中历史课堂的"生长"[J].学苑教育，2022（18）：19-21.

[17] 陈志琴.核心素养下的初中历史史料教学[J].名师在线，2022（6）：70-72.

[18] 杜艳芳.初中历史教学中史料运用的探索[J].黑龙江教育（教育与教学），2022（1）：51-53.

[19] 潘先红.初中历史史料实证初探[J].中学政史地（教学指导），2024（2）：16-17.

[20] 谢峻润.核心素养下的初中历史史料教学对策探究[J].考试周刊，2023（28）：143-146.

[21] 于保秀.初中历史教学中史料实证素养培养策略探究[J].基础教育论坛，2023（22）：98-100.

[22] 王铎年.初中历史教学中史料实证素养的培养策略探讨[J].学周刊，2023（19）：103-105.

[23] 焦静.利用史料实证，为初中历史课堂添彩[J].中华活页文选（教师版），2023（13）：139-141.

[24] 李展展.图像史料在初中历史课堂中的应用策略探究[J].学周刊，2024（15）：122-124.

[25] 陈才文.史料资源在初中历史教学中的运用[J].亚太教育，2023（14）：138-140.

[26] 马振国.基于史料角度的初中历史核心素养培养思考[J].今天，2023（8）：171-173.

[27] 黄华诗，刚巴图. 口述史料在初中历史教学中的运用[J]. 赤峰学院学报（汉文哲学社会科学版），2023，44（3）：109-112.

[28] 胡桂金. 初中历史教学中史料实证素养培育的实践研究[J]. 亚太教育，2023（1）：55-57.

[29] 周方高，刘莹莹. 初中历史史料教学初探[J]. 当代教育理论与实践，2019，11（5）：1-5.

[30] 宋从兵. 活用史料优化初中历史课堂教学[J]. 学苑教育，2020（22）：95-96.

[31] 孙俊博. 历史史料走进初中历史课堂的实践尝试[J]. 天津教育，2022（29）：123-125.

[32] 王改红. 论影像史料在初中历史教学中的选取与运用[J]. 中华活页文选（教师版），2022（8）：84-86.

[33] 彭小琴. 史料在初中历史微课教学中的应用[J]. 安徽教育科研，2021（15）：118-119.

[34] 吴捷. 基于史料实证的初中历史文史融合的教学研究[J]. 天津教育，2021（15）：123-125.

[35] 蔺静. 史料实证在初中历史教学中的有效运用[J]. 华夏教师，2021（18）：75-76.

[36] 张宏斌. 探讨初中历史教学中"史料实证"素养的培养策略[J]. 新教育时代电子杂志（学生版），2021（15）：156.

[37] 林庆迁. 初中历史新教材背景下加强史料教学的探讨[J]. 名师在线，2021（15）：29-30.

[38] 陈加娜. 浅谈初中历史教学中史料细节的运用[J]. 中学课程辅导（教学研究），2021（15）：24，26.

[39] 陈惠芳. 初中历史史料教学误区与解决对策[J]. 读与写（上，下旬），2021，18（34）：294-295.

[40] 陈梦媛. 浅析初中历史教学中史料知识的合理运用策略[J]. 考试周刊，2020（89）：143-144.

[41] 邹丽红. 图片史料在初中历史教学中的运用策略探究[J]. 考试周刊，2020（66）：141-142.

[42] 张露.合理使用史料教学,推动初中历史教学实效性[J].中学课程辅导(教学研究),2020,14(5):34.

[43] 蔡如苗.史料在初中历史与社会教学中的巧妙应用分析[J].中学课程辅导(教学研究),2020,14(4):41.

[44] 朱茨.初中历史课堂教学中选择有效史料的原则[J].中学政史地(教学指导),2023(11):64-65.

[45] 陈仲富.运用史料教学法开展初中历史课堂教学的方法[J].新教育时代电子杂志(教师版),2020(3):186.

[46] 杨红梅.初中历史教学中史料实证的教学理解[J].中学政史地(教学指导),2023(11):33-34.

[47] 吴乐.合理运用史料知识,提高初中历史教学质量[J].新课程,2022(9):170.

[48] 丁立军.历史人物:初中历史教学的关键密码[J].教育参考,2024(3):57-60.

[49] 孙煜,庞广仪.实物史料在初中历史教学中的应用及注意事项[J].广西教育,2023(1):72-75.

[50] 黄桂尧.实物史料在初中历史教学中的运用研究[J].世纪之星—初中版,2021(17):23-24.

[51] 闫红星.谈初中历史教学中的乡土史教育[J].学周刊,2022(14):85-87.

[52] 杨自平.基于核心素养的初中历史课堂教学策略[J].云南教育(中学教师),2022(5):10-11.

[53] 于芯羽.以图探史 以图启思:图像史料在初中历史教学中的运用对策探究[J].考试周刊,2022(41):136-139.

[54] 林宜创.初中历史课堂教学中选择有效史料的原则[J].考试周刊,2018(68):135.

[55] 韩萍.初中历史教学中如何培养学生的"史料实证"素养[J].华夏教师,2019(9):36.

[56] 吴培坚.探析初中历史教学中史料知识的合理运用[J].新课程(下),2019(10):86.

[57] 廖锦标.核心素养下初中历史新授课高效课堂的模式[J].中学课程辅导(教学研究),2021(6):69.

[58] 王忠槐.初中历史教学家国情怀素养的培养策略[J].亚太教育,2021(4):60-61.

[59] 刘尧湘.在初中历史教学中合理运用史料知识[J].考试周刊,2017(55):154.

[60] 鲁焕.基于核心素养的初中历史情境教学策略[J].初中生世界,2020(48):67-68.

[61] 宫晶.关于初中历史高效课堂的探讨[J].考试周刊,2018(74):152.

[62] 张洪琪.初中历史教学中图像史料的运用[J].中学历史教学参考,2022(22):74-75.

[63] 刘羽.浅谈史料实证在初中历史课堂教学中的有效落实[J].新课程·中学,2019(10):56.

[64] 郭硕.浅谈初中历史教学用家书史料浸润学生家国情怀的方法[J].考试周刊,2021(12):147-148.

[65] 陈振民.谈初中历史教学中学生创新能力的培养策略[J].中华活页文选(教师版),2020(4):92-93.

[66] 陈微.历史解释素养在初中历史课堂教学中的渗透策略分析[J].考试周刊,2021(70):136-138.

[67] 刘琛.初中历史教学中学生历史解释能力的培养[J].内蒙古教育,2019(20):89-90.

[68] 蒋爱萍,赵国华.初中历史教学巧用史料的价值探讨[J].中学历史教学参考,2021(12):92.

[69] 王贺.初中历史教学中史料积累与信息技术的结合[J].长春教育学院学报,2018,34(10):79-80.

[70] 邵静.初中历史课堂史料教学的价值[J].教育科学论坛,2014(7):25-27.

[71] 程东海.基于实证意识的初中历史材料解读与问题设计[J].安徽教育科研,2022(33):65-67.